## Zu diesem Buch

«Es scheint, als schlügen Bäume auch in den Seelen der Menschen Wurzeln. Wer je als Kind in ihrem Schatten lag und den Geschichten lauschte, die Wind und Blätter sich erzählen, der versteht, wie die größten aller Pflanzen zum Inbegriff von Heimat und Geborgenheit werden können. Manche Bäume vermitteln diese Vertrautheit offenbar mehr als andere. Denn viele Nationen scheinen mit bestimmten Arten auf besondere Weise verwachsen. Was dem Russen seine Birke, das ist dem Kanadier der Ahorn. Und das Wesen und die Ästhetik Japans finden sich in den Blüten des Kirschbaums wieder, dessen Blätter in Schönheit sterben, weil sie unverwelkt zu Boden sinken. Ein Baum und sein Land – Symbiosen, bei denen sich Naturgeschichte und Kulturgeschichte begegnen.»

*Bernhard Borgeest*, Jahrgang 1961, studierte Geoökologie und war Redakteur für GEO, *Die Zeit* und *natur*. Seit 1997 arbeitet er bei FOCUS in München.

Bernhard Borgeest

# Ein Baum und sein Land

*24 Symbiosen*

Illustriert von
Jürgen Mick

Rowohlt

rororo science
Lektorat Jens Petersen

Originalausgabe
Veröffentlicht im Rowohlt Taschenbuch Verlag GmbH,
Reinbek bei Hamburg, Juli 1997
Copyright © 1997 by Rowohlt Taschenbuch Verlag GmbH,
Reinbek bei Hamburg
Alle Rechte vorbehalten
Umschlaggestaltung Barbara Hanke
(Illustration Jürgen Mick)
Satz Perpetua PostScript, QuarkXPress 3.32
Lithographie Grafische Werkstatt Christian Kreher, Hoisdorf
Gesamtherstellung Clausen & Bosse, Leck
Printed in Germany
1490-ISBN 3 499 19536 4

# Inhalt

## Von Bäumen und Ländern

Der französische Publizist Manès Sperber erzählt über den russischen Revolutionär Wladimir Iljitsch Lenin eine kleine Anekdote, die viel über den späteren Staatschef, über sein Land und einen Baum verrät: Im Jahr 1903 nahm Lenin als zweiunddreißigjähriger Exilant an dem Kongreß der Allrussischen Sozialdemokratie in London teil. Ausnahmsweise konnte der junge Agitator dort die größte Zahl der Delegierten um sich scharen, seine Bolschewiki («Mehrheitler»). Er bekritzelte wie gewöhnlich fieberhaft Zettel um Zettel und notierte auf einem Heftblatt Forderungen, die er erheben wollte. Doch zwischendurch schrieb er, die Schriftart immer wieder variierend, ein Wort, stets das gleiche: brjosa – Birke. Das Heimweh, so vermutet Sperber, diktierte dem Emigranten dieses Wort.

Es scheint, als schlügen Bäume auch in den Seelen der Menschen Wurzeln. Wer je als Kind in ihrem Schatten lag und den Geschichten lauschte, die Wind und Blätter sich erzählen, der versteht, wie die größten aller Pflanzen zum Inbegriff von Heimat und Geborgenheit werden können. Manche Bäume vermitteln diese Vertrautheit offenbar mehr als andere. Denn viele Nationen scheinen mit bestimmten Arten auf besondere Weise verwachsen. Was dem Russen seine Birke, das ist dem Kanadier der Ahorn. Wie ein Logo, das für die *corporate identity* eines Staates sorgen soll, prangt das rote Ahornblatt auf der Flagge des Landes. Und das Wesen und die Ästhetik Japans finden sich in den Blüten des Kirschbaums wieder, dessen Blätter in Schönheit sterben, weil sie unverwelkt zu Boden sinken. Ein Baum und sein Land – Symbiosen, bei denen sich Naturgeschichte und Kulturgeschichte begegnen.

Häufig sind Bäume die prägenden Elemente einer Landschaft, wahre Zeichen ihres Charakters, würdevoll oft und mächtig, ausgestattet mit den Insignien einer Pracht, wie nur die Natur sie hervorbringt. Sie setzen Akzente, sind die Erkennungsmelodien in den Symphonien aus Tälern und Hügeln. Voll ehrfürchtigem Staunen traf Mitte des achtzehnten Jahrhunderts der französische Botaniker Michel Adanson auf die Affenbrotbäume (Baobabs) des Senegal. Mit ihren gewaltigen Bäuchen, in denen sie Wasser zu speichern vermögen, und ihren zerzausten Ästen, die in den Himmel ragen wie knorrige Riesenfinger, dominieren sie den Sahel. Die Fidschiinseln im fernen Pazifik erhalten ihr Südseeflair erst durch die Kokospalme, deren Wedel von den Ufern der Lagunen her Besuchern freundlich zuzuwinken scheinen.

Nicht alle Bäume waren in dem Land, für dessen Bewohner sie Heimat verkörpern, von jeher heimisch. Die steil aufragenden Zypressen etwa, wie Ausrufezeichen auf die Hügel der Toskana gesetzt, erreichten die Apenninhalbinsel als ein Import aus Zypern. Auch die Olivenbäume Griechenlands, die Stolz und Reichtum Hellas' ausmachten, haben ihren Ursprung weiter östlich, vermutlich im heutigen Syrien.

In Deutschland liegen zwei Gewächse im Wettstreit um den Titel des «Nationalbaums» – Linde und Eiche –, beide so unterschiedlich, als stünden sie für zwei verschiedene Länder. Mit herzförmigen Blättern und hellen, duftenden Blüten die Linde. Hold und lieblich lud sie zu Schäferstündchen und Tanz. Mit hartem Laub und einem Panzer aus rissiger Rinde die Eiche. Sie sollte Stärke symbolisieren und teutonische Tugenden wie Standhaftigkeit und Treue.

Die Mythen und Märchen, die um unsere Bäume ranken, verblassen. Von den alten Bräuchen, bei denen ihre Blätter und Zweige zu Kränzen geflochten wurden, wissen bald nur mehr Volkskundler zu berichten. Nüchtern definieren unsere Nachschlagewerke Bäume als «Holzgewächse mit ausgeprägtem Stamm und bevorzugtem Längenwachstum an den Spitzen des Sproßsystems». Dennoch hat sich die Faszination erhalten, die von ihnen ausgeht. Vielleicht ist es ihre schiere Größe, ihre imposante Gestalt, die – da zur Fortbewegung unfähig – Stürmen, Dürre und Kälte widerstehen muß. Sie läßt uns zwergenhaft und schwach erscheinen und mag daran erinnern, daß der Mensch doch nicht das Maß aller Dinge ist. Vielleicht ist es ihr oft hohes Alter, das uns andächtig werden läßt. Die Veteranen unter den Linden und Eichen wuchsen heran, da war Amerika noch nicht entdeckt. Sie haben Ritter in Rüstung gesehen, Bauernkriege und die ersten Automobile. Ihre Erinnerungen haben sie gesammelt in Hunderten von Jahresringen.

Der Baum ist ein Archetyp, Inbegriff von Natur und voller Anklänge an eine ferne magische Zeit. Kinder malen ein Haus, die Sonne, einen Baum. Die Edda, die Sammlung nordischer Götter- und Heldenlieder, besingt den kosmischen Baum Yggdrasil. Er streckt seine Äste hinauf in das Walhall, die Halle Odins, den Aufenthalt der gefallenen Krieger. Seine Wurzeln reichen hinab in die finstere Unterwelt. So steht er im Zentrum des Alls und hält die Welt zusammen. Bäume selbst sind Kosmen, Welten für sich. Ihre Borke gibt Flechten und Moosen Halt, Spechte hämmern Höhlen in ihren Stamm, in ihren Zweigen nisten Vögel. Zoologen haben zwischen Wurzeln und Laubdach einer Eiche dreihundertachtzig Wurmarten, fünfhundertsechzig verschiedene Spinnen und über fünftausend verschiedene Insektenarten gezählt. Lange Zeit waren die Riesen des Waldes Biotop für ganz andere Bewohner, für Dämonen und Elfen, Waldgeister, Baumhexen und Kobolde, die noch als Klabautermänner in den Masten der Schiffe fortlebten.

Christliche Missionare schickten sich an, mit all dem heidnischen Zauber und dem gotteslästerlichen Baumkult aufzuräumen. Bereits das Provinzialkonzil von Arles im Jahr 452 erließ Gesetze wider die Anbetung von Bäumen. Die Christen duldeten Verehrung nur gegenüber einem behauenen Stück Holz, dem Mord- und Folterinstrument des Kreuzes. 752 fällte Sankt Bonifaz die dem Thor geweihte Eiche von Geismar und wurde alsbald von den Friesen erschlagen. Noch im zehnten Jahrhundert ermordeten die Preußen den Missionar Adalbert von Prag. Tatort: ein heiliger Wald. Besonders hartnäckig widersetzten sich die Litauer dem neuen Glauben. Im Jahr 1258 gab dort Bischof Anselm den Befehl, eine heilige Eiche zu fällen. Die Axt verletzte den mit dieser Aufgabe betrauten Holzfäller tödlich. Darauf legte der Bischof selbst Hand an, aber auch seine Mühen waren vergeblich. So ließ er den Baum, dem Eisen nichts anhaben konnte, verbrennen. Das Bild der Bibel von der «Axt, die den Bäumen schon an die Wurzel gelegt ist», sollte sich auf traurige Weise bewahrheiten.

Wälder gibt es seit rund dreihundert Millionen, den Menschen, dessen Vorfahren einst von den Bäumen hinabstiegen, erst seit hunderttausend Jahren. Und nach sehr viel kürzerer Zeit gelang es ihm, den Großteil der Wälder auf der Erde zu roden und so die ihm lästigen Hindernisse für Ackerbau oder Weidewirtschaft beiseite zu räumen. Die Bäume, so mächtig sie auch sein mögen, waren dem Menschen nicht gewachsen.

Schon 3000 vor Christus schifften die Phönizier Zedern aus dem Libanon nach Ägypten. Und bereits fünfhundert Jahre darauf beklagen unbekannte Kaufleute in alten Hieroglyphen die Verknappung des Rohstoffs. Später waren es Griechen und Römer, die für den Bau ihrer Städte und vor allem ihrer Flotten die Wälder rings um das Mittelmeer plünderten. Heute zeugen erodierte Hänge, auf denen meist nur mehr Sträucher gedeihen, von der Naturzerstörung in der Antike, von Überweidung und wiederholten Bränden.

Rings um den Globus ging der Raubbau weiter, und er dauert an. Die Mammutbäume an der Westküste Nordamerikas, heute der Stolz des Bundesstaates Kalifornien, bewahrte auch ihre achtunggebietende Größe nicht vor der Kreissäge. Die Holzfäller dezimierten die Wälder bis auf winzige Reste. Die Bestände des Okumé, des Nationalbaums Gabuns, wandern in Sperrholzfabriken, und mit ihm geht allmählich der Regenwald Afrikas zugrunde. Während das Abfackeln des Urwalds am Amazonas weltweite Proteste auslöst, sterben die Wälder andernorts nahezu unbemerkt. In Chile fallen die Araukarien des temperierten Regenwalds, und in der Taiga Sibiriens und Kanadas haben Holzunternehmen den Schatz des borealen Nadelwalds entdeckt.

Manchem Baum hat der Mensch indirekt Schaden zugefügt. So der Ebenholzart Calvaria, einer Besonderheit des Inselstaates Mauritius. Ihre Samen müssen, um keimen zu können, den Darm des Dodos passieren, eines flugunfähigen Vogels. Doch das Tier wurde gegen Ende des siebzehnten Jahrhunderts ausgerottet. Die Calvaria ist somit zum Aussterben verurteilt. Auf Mauritius stehen heute nur einige wenige, sehr alte Exemplare. Versuche, den Dodo durch Truthähne zu ersetzen, haben bislang nicht gefruchtet.

Seinen Frieden mit den Bäumen findet der Mensch offenbar erst dann, wenn er sie aus dem Wald in den Garten holt, sie domestiziert, seinen Bedürfnissen entsprechend heranzüchtet zu zuverlässigen Lieferanten von Nahrung und Rohstoffen. Dann erst spielt sich eine wahre Symbiose ein, bei der der eine hegt und pflegt, der andere die Früchte schenkt. Ein paradiesischer Zustand. Bestes und wohl auch ältestes Beispiel hierfür ist der Baum Israels, die Feige, eine Bewohnerin des Gartens Eden. Im alten China galt die Liebe der Gärtner dem Ginkgo, weil er wohlschmeckende «Silberaprikosen» hervorbrachte. In Spanien hat die Orange den Status eines Baums für das Allgemeinwohl erworben. Und im Jemen der Kat, mag er den Menschen auch keine wohlschmeckende Frucht liefern, sondern eine Droge in Form seiner Blätter.

Aus dem gefährlichen, undurchdringlichen Wald ist in Europa längst ein aufgeräumter Forst geworden. Und waren die Siedlungen des Menschen einst kleine Inseln im Meer der Bäume, so stehen jetzt Baumgruppen wie Eilande inmitten von Feldern und Städten. Baumlehrpfade weisen den Weg durch die Plantagen. Allerlei Trimmdichgeräte sorgen für Kurzweil, und zahlreiche Ruhebänke laden dazu ein, fachmännisch die Symptome des Waldsterbens zu begutachten.

Gewohnt, allem seine Nützlichkeit zuzumessen, und als bräuchten die Bäume eine Rechtfertigung für ihr Dasein, verweisen wir gern darauf, welch bedeutsame ökologische Funktionen sie ausüben. Wie wichtig sie etwa für das örtliche Klima sind, weil sie Wasser speichern und für ausgeglichene Temperaturen sorgen. Wie wunderbar sie den Lärm der Autobahnen schlucken, wie effektiv sie Staub und Abgase aus der Luft filtern oder wie gewissenhaft sie im Gebirge vor

Muren und Lawinen schützen. Nur als Sauerstoffquelle überschätzen wir sie. Zwar produzieren Bäume bei der Photosynthese, wenn sie Wasser und Kohlendioxid mit Hilfe des Lichts in Zucker umwandeln, tatsächlich große Mengen Sauerstoff, quasi als Abfallprodukt. Doch da auch Bäume atmen, verbrauchen sie einen guten Teil davon selbst.

Die größte Bewunderung zollen wir bei unseren Sonntagsspaziergängen freilich nicht den gedrängt wachsenden Bäumen des Waldes, sondern vielmehr den frei stehenden Solitären mit ihren weit ausladenden Ästen. Sie erscheinen uns am schönsten und oft auch am «natürlichsten», weil sie sich entfalten können. Wenigen ist jedoch bewußt, daß sich unsere Vorstellung von der «Schönheit der Natur» nicht so sehr an der Natur selbst orientiert. Ein Urwald, wie es ihn im Nationalpark Bialowieska an der polnisch-weißrussischen Grenze noch oder im Nationalpark Bayerischer Wald wieder gibt, gilt nur selten als Ideal. Unsere Ästhetik orientiert sich eher an der von Menschen gestalteten Kulturlandschaft mit ihren Wiesen und Hecken wie auch an der Deutschen Romantik, die ihre Naturvorstellung vom englischen Landschaftsgarten bezog. Die englischen Landschaftsgärtner, die sich wiederum von der italienischen Landschaftsmalerei des siebzehnten Jahrhunderts inspirieren ließen, inszenierten Natur, gestalteten sie «wildschön». Mit künstlichen Anhöhen und Seen, raffiniert arrangierten Sichtachsen wollten sie ihr nachhelfen und ihre Reize erhöhen. Viele der prächtigen Solitäre gäbe es nicht, hätte sie nicht einst ein Mensch effektvoll auf einem Hügel oder am Rand einer Straße plaziert. So zeigt sich auch hier, wie unscharf die Grenzen zwischen Natur und Kultur geworden sind. Wie Baum und Land und Menschen zusammengehören – auf Gedeih und Verderb.

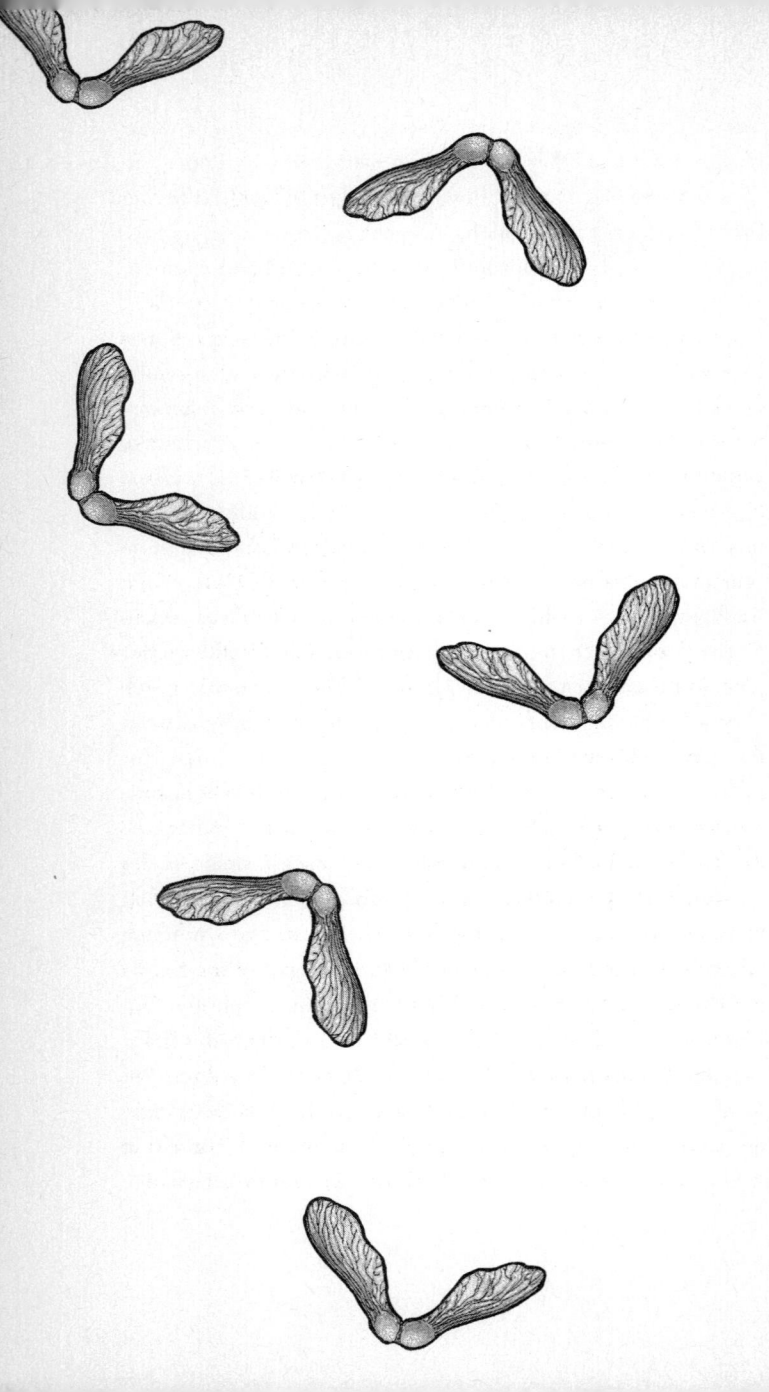

## *Sirup zu jeder Gelegenheit*

Wenn es Herbst wird in den Wäldern Kanadas, beginnt dort ein Naturschauspiel ohnegleichen; ein Fest der Farben, ein bunter Rausch der Tönungen. Das Laub scheint zu verglühen: purpur und scharlachrot, goldorange und strahlend gelb. *Indian summer* (Indianersommer) nannten die Siedler aus Europa das herbstliche Farbenspektakel an Amerikas Nordostküste.

Den leuchtendsten ihrer Bäume erkoren die Kanadier zum Nationalsymbol: den mächtigen, bis zu vierzig Meter hoch wachsenden Ahorn. Diese Auszeichnung erhielt der Baum nicht allein wegen seiner prächtigen Oktobertracht. Er liefert ein hartes, wertvolles Holz für Möbel und Furniere, für Parkettböden und Konzertflügel. Vor allem aber steckt in ihm ein ganz besonderer Saft.

Wenn im zeitigen Frühjahr die Knospen anschwellen, mobilisiert der Zuckerahorn (*Acer saccharum*) seine Reserven. Mit Hilfe von Enzymen verwandelt er gespeicherte Stärke in Zucker. Gelöst im Pflanzensaft, schießt der süße Nährstoff von den Wurzeln hoch in die Krone – besonders stark, solange es in den Nächten noch friert, am Tag aber die Sonne die Baumwipfel bereits kräftig aufheizt.

Sinzibuckwud – dem Holze entlockt – so hieß der klare Saft des Baums bei den Algonquin-Indianern. Mit ihren Tomahawks schlugen sie die Rinde auf, steckten Holzstäbe in die Kerbe und fingen das Naß mit Gefäßen aus Birkenrinde auf. Heute rammen Kanadas Waldbauern Zapfhähne einige

Zentimeter tief in die Bäume. In Blecheimern sammeln sie den Ahornsaft und kochen ihn in den nahen Zuckerhütten (*sugar shacks*) ein. Aus den vierzig Liter Flüssigkeit, die ein Baum pro Saison liefert, entsteht auf diese Weise ein Liter Ahornsirup.

Kanadas höchstes Kinderglück, das ist jener Moment, in dem der Sirupkoch die erste Kelle aus dem Bottich schöpft und sie auf den Schnee träufelt. Wer dann einen Holzstecken in den erkaltenden Seim tunkt, der hält einen wunderbaren *maple lolly* in der Hand. Jedes Frühjahr fahren die Städter hinaus in die Wälder zu den großen *sugaring off parties*, zur Freude der Kleinen und um sich selbst den Bauch mit Süßem vollzuschlagen.

Kanadier begießen mit Ahornsirup alles, was irgend eßbar ist. Pfannkuchen und Omeletts ebenso wie Fisch und Fleisch. Sie schwören auf Ahornjoghurt und Ahornpudding, schwärmen für Ahornsoufflé und Ahornkarotten, lutschen Ahorn-Bonbons, trinken Ahorn-Milkshakes. Und rauchen Tabak mit Ahornaroma.

Vielerorts wird dieser enorme Sirupbedarf heute industriell befriedigt. In modernen Anlagen saugen Vakuumpumpen den Saft aus den Bäumen. Ein System von Schläuchen leitet ihn direkt in vollautomatische Eindickkessel. Vierzehntausend Tonnen Sirup pro Jahr produziert allein die kanadische Provinz Quebec.

Zwar führten patriotische Vereinigungen den Ahorn schon früh im Banner, zwar komponierte bereits 1867 der Lehrer Alexander Muir Kanadas heimliche Nationalhymne «The maple leaf forever», doch erst vier Jahrzehnte nach Erklärung der Unabhängigkeit von England gelangte der Ahorn offiziell zu Ehren. Am 15. Februar 1965 hißte das Commonwealth-Oberhaupt Queen Elizabeth feierlich Kanadas neue Flagge mit dem berühmten roten Ahornblatt.

Mittlerweile setzen Luftverschmutzung und saurer Regen dem Symbolbaum zu. Achtzig Prozent des kanadischen Zuckerahornbestands gelten als geschädigt. Da ist nur ein schwacher Trost, was die Experten des Internationalen Ahornsirup-Instituts in Montreal herausgefunden haben: Zuckerahornbäume, die unter Umweltstress geraten, produzieren besonders süßen Saft.

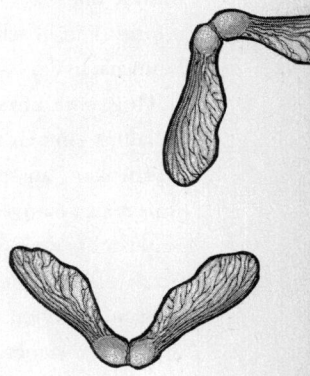

## *Graue Eminenz des Sahel*

«König der Savanne», «Thron der Götter», «das Kamel unter den Bäumen» — so nennen die Völker des Sahel den Affenbrotbaum, das bizarre Wahrzeichen ihrer Landschaft. Sein Stamm gleicht großen, bauchigen Vasen, und seine meist kahlen Äste reckt er wie Gichtfinger in den Himmel.

Der eigentümliche Riese hat sich hervorragend angepaßt an das extreme Klima südlich der Sahara, wo auf Zeiten starker Regenfälle oft Monate vollständiger Dürre folgen. Sein Wurzelsystem reicht tief in die Erde hinab, und das weiche, schwammige Holz seines aufgeblähten Stammes vermag Zehntausende Liter Wasser zu speichern. Sogar Savannenbrände übersteht der Affenbrotbaum oder Baobab (*Adansonia digitata*) unbeschadet. Geschwärzt und verkohlt, treibt er beim nächsten Regen wieder aus.

Um seine Entstehung ranken sich Legenden. Die Götter, so lautet eine Geschichte, gaben jedem Tier einen Baum. Die Hyäne kam zu spät zur Prozedur. Als die Götter sie sahen, waren sie so angewidert, daß sie den Affenbrotbaum, der ihr zugedacht war, verkehrt herum in den Boden pflanzten. Nach einer anderen Erzählung haben die Affenbrotbäume einst ausgesehen wie andere Bäume auch. Doch sie hätten zuerst ihre Nachbarbäume und schließlich die Götter so erzürnt, daß diese die Baobabs aus der Erde rissen und sie kopfüber wieder einsetzten.

So vermuten viele Stämme, der Baobab zöge seine Kraft nicht aus dem Boden, sondern aus dem Himmel. Daher schützen und verehren sie den Baum. Niemals darf ein lebender Baobab gefällt werden.

Nachts machen viele Sahelbewohner einen weiten Bogen um den Affenbrotbaum, weil sie glauben, daß darin Geister hausen. Es kann leicht geschehen, daß man das Bein eines Geistes mit einem Ast verwechselt. Wer darauf tritt, kann schwer stürzen. Schwangere, die auf die Bäume klettern, um sich deren Früchte zu holen, begeben sich gleichfalls in große Gefahr. Die Geister können den Fötus gegen einen der ihren vertauschen. Die Frau würde dann ein Kind gebären, das nicht sprechen oder nicht gehen kann oder einen riesigen Kopf trägt.

Für gewöhnlich lassen sich die Früchte des Baobabs ohne Gefahr ernten. Seine fingerförmigen Blätter schmecken ähnlich wie Spinat. Seine strahlend weißen, von Fledermäusen bestäubten Blüten werden roh verzehrt. Aus seinen Samen läßt sich ein lange haltbares, goldgelbes Öl pressen. Und schließlich knacken Kinder mit Freude die hölzerne Schale des gurkenförmigen Affenbrots und kratzen das zähe, säuerliche Fruchtmark heraus – den Kaugummi des Sahel.

Aus der Rinde des Baobabs fertigen die Tenda, Dogon, Samo und viele andere Völker Netze, Körbe und Hängematten. Sie schälen den Stamm, klopfen den Bast weich und drehen ihn zu Stricken. Jeder andere Baum würde dabei zugrunde gehen – die Rinde des Baobabs aber regeneriert sich.

Im Senegal, der den Affenbrotbaum in seinem Staatswappen führt, dienen alte, hohle Baobabs als Grabstätten. In ihnen werden die «Griots» beerdigt, eine Kaste von Zauberern, Poeten und Musikern. Würden sie in der Erde begraben werden, so gälte diese fortan als unfruchtbar.

Heute sind die Wahrzeichen der Savanne vielerorts gefährdet. Die Dürreperioden der siebziger und achtziger Jahre, Überweidung und Verbiß, Überbevölkerung und zu starke Nutzung der Äste als Feuerholz haben die Zahl der grauen Sahel-Eminenzen dezimiert. In ihrem Roman «Die Nacht des Baobab» greift die Senegalesin Mariétou Nbaye das Sterben der Bäume auf. Ihre Romanheldin – eine Afrikanerin, die nach Europa emigriert ist – beschließt, zum Affenbrotbaum am Hause ihres Vaters zurückzukehren. Doch sie kommt zu spät, der alte Baum ist tot, in sich zusammengesunken und zerbröckelt zu einer schattenlosen Ruine.

Birke – Rußland

# Die weiße Magierin

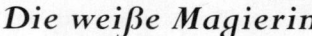

Deutsche und österreichische Soldaten, die während des Ersten Weltkriegs in russische Kriegsgefangenschaft gerieten und nach Sibirien deportiert wurden, erfuhren am eigenen Leib, wie sehr die Birke zum Leben im Reich des Zaren gehörte. Wenn die Gefangenen sich verletzt hatten, so wiesen die einheimischen Wärter sie an, sich warmen Birkenharz über die Wunden zu träufeln. Der Saft sollte eitrigen Entzündungen vorbeugen.

Russische Sprichwörter besagen, daß die Birke die Welt erhellt, daß sie Stille bringt, den Körper reinigt und Krankheiten heilt. Das entspricht genau ihren vier traditionellen Verwendungszwecken. Aus ihren Zweigen fertigten die Bewohner der Taiga Fackeln, aus Birkenholz gewonnenes Pech unterband das Knirschen der Wagenräder, mit Birkenruten peitschten die Besucher der russischen Dampfbäder ihre schwitzenden Leiber, und ihr Saft, das «Birkenblut», half in der Volksmedizin bei Husten, Gallenstein und Bandwurm.

Ein eleganter, schöner Baum, mit zarten Blättern und schneeweißer Rinde, schnellebig und heiter. Ein Pionier, der sich weit an den Polarkreis vorwagt, selbst in Felsnischen oder in ständig nassem Untergrund Wurzeln schlägt, das Licht liebt und Kahlschläge und Brandflächen besiedelt, sich des verarmten Bodens annimmt und ihn bereitet für andere Arten. Rund vierzig verschiedene Birken gibt es weltweit. In Rußland wachsen vor allem die Weiß- oder Hängebirke (*Betula pendula*) sowie die Moorbirke (*Betula pubescens*).

Die gescheckte Pflanze ist Sujet und Kulisse für russische Dramen und Romane. Unter Birken lieben, leben und sterben die Figuren Anton Tschechows und Maxim Gorkis. Der Filmregisseur Andrej Tarkowskij drehte sein Erstlingswerk «Iwans Kindheit» in den Birkenauen am Dnjepr. Jahrhundertelang war der Birkenwald ein magischer Ort, Schauplatz heidnischer Rituale und Hort des Aberglaubens. Die Birke selbst, die im Wald als erste die Blätter sprießen läßt, galt dem Volk als Frühlingsbaum.

In seinem Werk über den «Baumkult der Germanen und ihrer Nachbarstämme» aus dem Jahr 1875 beschreibt der Volkskundler Wilhelm Mannhardt einen alten russischen Pfingstbrauch. Am Donnerstag nach dem Pfingstfest zogen die Bewohner der Dörfer einst in die Wälder, flochten Blumenkränze und fällten eine junge Birke. Die Menschen streiften dem Baum die Kleider einer Frau über und schmückten ihn mit bunten Bändern. Laut singend trugen die Mädchen die verkleidete Birke ins Dorf, wo sie in einem der Häuser als hochverehrter Gast aufgestellt wurde, dem alle Bewohner des Ortes bis zum Dreifaltigkeitssonntag einen Besuch abstatten mußten.

Nicht eine individuelle Baumseele wurde hier geehrt, so vermutet der Bräuchesammler Wilhelm Mannhardt. Vielmehr sollte das Ritual auf symbolische Weise die dämonische, feindliche Natur bändigen.

Bei einem anderen, einst in der Wolgaregion üblichen Frühlingsbrauch brachten die Mädchen einer jungen Birke Speisen aus Eiern dar, ein Fruchtbarkeitssymbol. Dann begannen die festlich gekleideten jungen Frauen, den Baum mit seidenen Gürteln zu umwinden. Das taten sie meist heimlich, denn dieses Umwinden der Birke galt als Sünde. Ihre seidenen Bänder bewahrten die Mädchen gut auf, um später damit ihre Traukerzen zu schmücken.

Die Birke war indes nicht nur Frühlings-, sondern auch Orakelbaum. In den Dörfern östlich von Moskau hängten die Mädchen rote Tücher an die Bäume und befragten sie dabei nach der Zukunft, nach dem Zeitpunkt ihrer Heirat etwa oder nach der Zahl ihrer Kinder. Jedes Mädchen suchte sich einen Birkenzweig aus und wand einen Knoten in ihn. War der Ast nach ein paar Tagen nicht verdorrt, galt dies als ein gutes Zeichen.

In Sibirien, der Heimat des Schamanismus, war die Birke heilig. In Initiationsriten bestiegen die jungen Schamanen in Trance einen Birkenstamm und brachten im Wipfel des Baumes neun Einschnitte an, Symbol für neun übereinanderliegende Himmelsgeschosse. So erwarben sie die nötigen Kräfte, um mit den Göttern in Verbindung zu treten. Beispielsweise, wenn es galt, die Freigabe der Seele eines Kranken zu erbitten, um ihn zu heilen.

Botaniker haben mittlerweile einen sehr irdischen Grund dafür gefunden, weshalb die Schamanen die Birke und nicht etwa die mächtigere Fichte zu ihrem heiligen Baum erkoren. Birken leben nämlich in Symbiose mit dem Fliegenpilz. Und den nahmen die Schamanen gern, um etwas nachzuhelfen, wenn sie in Ekstase geraten wollten.

Blütenkirsche – Japan

# *Von der Schönheit*
## *des Vergehens*

Sobald sich in den Gärten von Kioto und Tokio die Knospen der Kirschbäume öffnen, beginnt ein gigantisches Fest. Millionen Japaner strömen hinaus in die Frühjahrsluft, in die Parks und an die Flußbänke, zu Tempeln und Pagoden, tauchen ein in ein Meer aus weißen und rosa Blüten. Unter den Bäumen breiten die Ausflügler ihre Decken aus, öffnen Lackschachteln voll Gemüse und Meeresfrüchten und schenken einander warmen Sake ein. Sie trinken und singen, lärmen und lachen, ausgelassen wie sonst nie. Und mancher erinnert sich an das berühmteste Gedicht des japanischen Poeten Noringa Motoori (1730–1801): «Wenn dich einer fragt, was denn Nippons wahres Wesen sei, zeig den Kirschbaum am Berg, der im Morgenwinde blüht.»

Einundfünfzig Wochen im Jahr wirken die unzähligen Kirschbäume mit den ungenießbaren Früchten (meist gehören sie zur Art *Prunus serrulata*) grau und unscheinbar. Im Frühling aber verzaubern sie das Land. Oft biegen sich die Äste unter der Last der Blüten so sehr, daß kunstvolle Bambusgerüste sie stützen müssen. Nachts werden sie vielerorts von Scheinwerfern angestrahlt. Das Fernsehen berichtet nun täglich detailliert über den Weg der Kirschblüte in Richtung Norden.

Blüten zu lieben, das gehört für Japaner zu den hohen Zielen menschlichen Strebens, ähnlich dem Imperativ, den Göt-

tern zu dienen und die Ahnen zu verehren. Und die Kirschblüte (japanisch: *sakura*) ist für sie seit vielen Jahrhunderten
der Inbegriff aller Blüten. Da sie zart ist und einen feinen,
kaum wahrnehmbaren Duft verströmt, verkörpert sie die
traditionellen Werte Reinheit und Einfachheit. Das wahre
Geheimnis ihrer Faszination liegt aber nicht im Erblühen,
sondern im Vergehen: So plötzlich ihre Pracht erscheint, so
schnell ist es mit ihr auch wieder vorbei. Schon nach wenigen Tagen taumeln die Blütenblätter wie Schneeflocken zu
Boden. Sie fallen unverwelkt, noch im Tode vollkommen.

Ihr rasches, anmutiges Sterben trifft den Kern japanischer
Ästhetik: Was schön ist, ist nicht von Dauer. Das Dahin-
schwinden selbst birgt Schönheit. Und das Allerschönste ist
die nostalgische Erinnerung an das, was auf dem Höhepunkt
seiner Herrlichkeit und seines Ruhmes fiel. Im neunzehnten
Jahrhundert mischte sich diese Verehrung von Schönem und
Vergänglichem mit einer martialischen Verklärung. Da die
Kirschblüte jäh ohne Zögern fällt, avancierte sie zum Symbol
japanischer Mannestugend, zum Sinnbild des Samurais, des
Kriegers.

Häufig klingt die Kirschblüte als Motiv in den eigentümlichen Todesgedichten der Japaner an. Kein anderes Volk pflegt
die Tradition, neben dem Testament ein kurzes Poem zu hin-
terlassen, einen Abschiedsgruß an das Leben. «Wie traurig!»
seufzte der Mönch Kari, als er 1770 im Alter von siebenundsechzig Jahren starb. «Kirschblüten verwandeln sich in
Wolken, die mich grüßen.» Der Dichter Kin'u schrieb 1817
auf der Schwelle des Todes: «Mit welcher Muße blühen die
Kirschen, von ihrem Schicksal lassen sie sich nicht drängen.»

Bei den lauten, ausgelassenen Frühlingsfesten unter den
Kirschbäumen Tokios oder Kiotos hängen nur wenige Men-

schen solch traurigen Gedanken nach. Die lärmenden Sake-Zecher huldigen nur dem Augenblick. Naturfreunde wie ihnen galt wohl das Gedicht, das der mittelalterliche Einsiedler Saigyos mit Spott und leiser Bitternis verfaßt hat: «An Kirschblüten wüßte ich nur einen Fehl zu nennen. Daß, wenn sie blüh'n, die Leute all zum Blütengaffen rennen.»

# Buddhas Baum der Erkenntnis

Im Frühjahr des Jahres 528 vor Christus kam der Fürstensohn Siddharta Gautama in die Gegend von Gaya, südlich des heutigen Patna im Staate Bihar. Dort traf er auf einen Feigenbaum. Nach alter Sitte umlief er den Baum siebenmal und setzte sich dann zum Meditieren in dessen Schatten Er verschränkte die Beine, wandte die Fußflächen dem Himmel zu und legte die Hände in den Schoß.

Da erschienen dem Fürstensohn, der Jahre der Selbstkasteiung und Askese hinter sich hatte, Dämonen, üppige Frauengestalten und freche Hirtenjungen. Doch er ließ sich von seiner Suche nach dem Heil nicht abbringen. In einer Vollmondnacht erkannte Siddharta drei Wahrheiten: den Kreislauf von Geburt und Wiedergeburt, seine eigenen Verkörperungen und schließlich den Weg, der zur Vernichtung des Leidens führt. Aus Siddharta wurde Buddha («der Erwachte»). Und der Baum, unter dem er saß, hieß fortan Bodhi («das Erwachen»).

Es gibt auf der ganzen Welt wohl keine Pflanze, die von mehr Menschen verehrt wird als Buddhas Feigenbaum (*Ficus religiosa*). Er wächst neben fast jedem Tempel Indiens, und die Wichtigkeit einer Kultstätte ermißt sich oft an der Höhe ihres Bodhis. Nicht nur den Buddhisten, auch den Hindus ist er heilig. Pipal nennen sie ihn oder – in ihrer heiligen Sprache Sanskrit – Aschwattha. In Konflikt geraten die beiden Religionen darüber nicht, denn die Hindus haben Buddha zu einer Inkarnation ihres Gottes Wischnu erklärt.

Jeden Abend beten die Brahmanen: «O Aschwattha, Du bist ein Gott. Du bist der König der Bäume. Deine Wurzeln sind Brahma, der Schöpfer, Dein Stamm ist Schiwa, der Zerstörer, und Deine Äste sind Wischnu, der Erhalter.» Der Weda, die älteste heilige Schrift Indiens, beschreibt den Bodhi als kosmisch, mit Wurzeln, die in den Himmel ragen, und Ästen, die in die Erde wachsen. Die Gedichte der Bhagawadgita besingen ihn als einen Baum, «der morgen nicht mehr der gleiche ist».

Einige Äste der rund dreißig Meter hohen Pflanze neigen sich zur Erde hinab. Dort schlagen sie Wurzeln; neue Ableger entstehen. Aus einem einzigen Bodhi kann so ein ganzer Hain heranwachsen. Er scheint deshalb unsterblich, ein Sinnbild der ständigen Erneuerung. Seine herzförmigen, spitz zulaufenden Blätter zittern wie Espenlaub. Schon bei leisem Wind geht ein Flüstern und Rauschen durch seine Krone. Viele Inder glauben, da sprächen Gottheiten zu ihnen. Niemand darf den heiligen Feigenbaum fällen, um ihn zu Brennholz zu zerhacken.

Der Bodhi gilt als «männlicher» Baum. Tausende von Inderinnen beten daher in seinem Schatten um (männliche) Nachkommenschaft. Im Norden des Landes begießen die Frauen allmonatlich seine Wurzeln mit Wasser und Milch. Hundertachtmal winden sie heilige Fäden um ihn. In großen Zeremonien wird der Bodhi mit «weiblichen» Bäumen wie etwa dem Neem verheiratet. In vielen Dörfern umschlingen sich alsbald die Äste der eng nebeneinander gepflanzten Bäume, und das Paar wirkt wie *eine* Pflanze.

Eine Entdeckung, die nicht so recht zu der Heiligkeit des Bodhi passen will, machten kürzlich israelische Wissenschaftler. Er ist verwandt mit den Würgefeigen, die an anderen Bäumen hochranken, sie überwuchern und ihnen Licht und Nährstoffe rauben. Dort, wo der Bodhi heimisch ist – in den Wäldern am Fuße des Himalaja –, benimmt er sich wie ein Schmarotzer. Von Vögeln verschleppt, gedeihen seine Samen auf der Rinde und in Astgabeln anderer Baumarten. Seine Wurzeln dringen in deren Stamm ein und wachsen hinab bis zum Erdboden. Das Schicksal der Wirtsbäume ist besiegelt: Sie werden vom Bodhi regelrecht gespalten.

# Das Geheimnis des Robin Hood

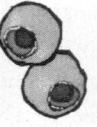 Eines der ältesten Holzwerkzeuge der Menschheitsgeschichte fanden Archäologen in der Nähe des Städtchens Clacton on Sea im Süden Englands – einen dreizehntausend Jahre alten Speer, gefertigt aus dem Stamm einer Eibe (*Taxus baccata*). Viele Jahrtausende lang diente das Holz dieses Baums in England der Produktion von Waffen. Unzähligen Menschen brachte es den Tod. Doch zugleich sollte die immergrüne Pflanze – im ganzen Land an Friedhöfen gepflanzt – den Menschen die Gewißheit des ewigen Lebens vermitteln. Eine widersprüchliche Rolle, die dem Baum da zugedacht war.

Eiben haben meist eine gedrungene, knorrige Gestalt. Sie erreichen nur selten eine Höhe von mehr als fünfzehn Metern und wachsen sehr langsam. Ihr Durchmesser nimmt pro Jahr lediglich um einen Millimeter zu. Eibenholz ist daher schwer, es ist dauerhaft und vor allem sehr elastisch. Ihre Biegsamkeit machte die Eibe zum idealen Werkstoff für das Schnitzen von Bögen, der wichtigsten Distanzwaffe des Mittelalters. Als der norwegische König Harald mit seinem Heer in Nordengland landete, traf ihn ein Pfeil in den Hals. Die Schlacht war entschieden. Englands Bogenschützen (*archers*) schlugen auch die zahlenmäßig überlegenen Ritterheere Frankreichs in die Flucht. Legendär ist die Treffsicherheit des Robert Fitz-Ooth, Earl of Huntington alias Robin Hood.

Einst sollten die Bewohner Englands ihre bis zu zwei Meter langen Eibenholzbögen und mindestens zwei Pfeile bereithalten. Lediglich Geistliche und Richter waren von dieser Volksbewaffnung ausgenommen. In einer Verordnung vom 12. Juni 1369 hielt König Edward III. seine Untertanen zum Training an: «Hiermit befehlen Wir, daß jeder Mann von Leibes Gesundheit in der Stadt London zur Mußezeit und an den Feiertagen Bogen und Pfeil benütze und die Kunst des Schießens erlerne und übe.» Damit auch der ärmste Bürger dieser Pflicht nachkommen konnte, mußte der König planwirtschaftliche Maßnahmen ergreifen und den Preis für die Bögen per Dekret festsetzen: «Da die Verteidigung dieses Reiches bisher in den Händen der Bogenschützen lag und nun wegen der hohen Preise für Langbogen Gefahr droht, befehlen Wir, daß jedermann zwei Schilling Buße je Bogen an den König entrichten muß, der einen solchen für mehr als drei Schilling sechs Pence verkauft.»

Bald wurde Eibenholz knapp auf der Insel. Und wegen der niedrigen Preise gab es für Kaufleute wenig Anreiz, Eibenholz vom Kontinent zu liefern. Also mußte England die Einfuhr des für die Verteidigung wichtigen Rohstoffs erzwingen. 1492 machte das Parlament allen Händlern die Auflage, daß sie mit jeder Tonne Handelsware vier Bogenstäbe einzuführen hatten. Zehn Jahre später wurden beim Import von einem Faß Wein bereits zehn Bogenstäbe verlangt.

In der englischen Literatur klingen die unheimlichen Aspekte des finsteren *yew tree* an. In Shakespeares «Macbeth» schleudert eine Hexe «ein Eibenreis vom Stamm gerissen – in des Mondes Finsternissen» in ihren Kessel, um einen tödlichen Sud zu brauen. Und der viktorianische Poet Alfred Lord Tennyson dichtet: «O alter düstrer Eibenbaum / Der du im Schutze moosger Steine / Um Schädel ohne Hirn und Traum / Die Wurzeln schlägst um die Gebeine.»

Die Eibe ist das giftigste Gehölz Europas. In allen Teilen der Pflanze – mit Ausnahme der roten Samenhülle, die Vögel anlocken soll – steckt ein tückisches Alkaloidgemisch, das sogenannte Taxin. Seine Wirkungen sind, wie das Nachschlagewerk «Britische Giftpflanzen» trocken vermerkt, fatal: «Das häufigste Symptom einer Eibenvergiftung ist der plötzliche Tod.» Bei einem Menschen führt ein Extrakt aus fünfzig bis hundert Gramm Nadeln zu Herzstillstand und Atemlähmung. In kleineren Dosen verabreichten die Engelmacherinnen des Mittelalters das Gift schwangeren Frauen, um einen Abort herbeizuführen. Das Taxin tötete häufig nicht nur den Fötus, sondern auch die Mutter.

Über die Frage, warum an vielen Friedhöfen und in zahlreichen Kirchgärten Englands jahrhundertealte Eiben stehen, streiten sich die britischen Gelehrten seit langem. Haben, wie Dawtrey Drewitt in seinem 1924 erschienenen Buch «The Apothecaries' Garden» spekuliert, die Römer die Tradition begründet, weil die Eiben sie an die Friedhofsbäume ihrer Heimat, die Zypressen, erinnerten? Oder haben, wie Vaughan Cornish 1946 in seinem Werk «Die Kirchhofeibe und die Unsterblichkeit» behauptet, Christen sich den Eibenkult der Kelten zu eigen gemacht? Cornish vermutet, die christlichen Missionare hätten die Fähigkeit des Baumes, sich durch Stockausschläge zu verjüngen, als ein Gleichnis für die Wiederauferstehung gedeutet. Sie hätten daher ihre Kirchen in der Nähe von Eiben errichtet, schließlich seien die Bäume oft älter als die Gotteshäuser selbst.

Die große Eibe von Fortingal in Perthshire bringt es angeblich auf fünfzehnhundert Jahre, die sogenannte Tisbury-

*Ahorn — Kanada*

*Baobab — Senegal*

*Birke — Rußland*

*Blütenkirsche – Japan*

*Bodhi — Indien*

*Eibe — England*

*Eiche – Deutschland*

*Eukalyptus — Australien*

Eibe mit einem Durchmesser von drei Metern soll sogar viertausend Jahre alt sein. Doch Experten geben zu bedenken, daß das Alter von Eiben häufig viel zu hoch eingeschätzt wird. Oft wachsen mehrere kleine Bäume zu einem scheinbar mächtigen Exemplar zusammen, und Eibenstämme werden im Lauf der Zeit hohl. Beide Phänomene machen eine korrekte Zählung der Jahresringe oft unmöglich.

Einen aus heutiger Sicht besonders kuriosen Beitrag zur Eibenfrage lieferte der Botaniker Robert Turner im Jahr 1664. Die Pflanzungen an den Gräbern hätten nichts mit abergläubischen Vorstellungen einiger Mönche zu tun, erklärt er. Ihr Dasein habe vielmehr einen einfachen chemischen Grund. «Die Eibe ist heiß und trocken», schreibt Turner. «An einem Ort mit giftigen Dämpfen gepflanzt, wird sie diese anziehen.» Sie sauge die Fäulnis und die öligen Gase auf, welche die Gräber ausdünsteten, wenn die untergehende Sonne sie beschiene.

Nach ihrem Aufstieg zum Bogenholzlieferanten und zum Totenbaum machte die Eibe in England noch eine dritte Karriere. Sie entwickelte sich zum beliebtesten Objekt für den Formschnitt, das *topiary*. In Tapeley Park, Nord-Devon, stehen Eiben in Gestalt von Urnen, im Park von Darington Hall, Devon, haben die Gärtner sie in die Zwölf Apostel verwandelt. Die grünen Rundbögen und regenschirmförmigen Eiben von Levens Hall, Cumbria, gehen auf einen Entwurf aus dem Jahr 1690 zurück. Und der Obergärtner von Haddon Hall in Derbyshire ist stolz auf einen Pfau, den er in jahrzehntelanger Arbeit aus fünf Eibenbäumen gestaltet hat. Die Natur ist unter Kontrolle, und sei es, wie in einem Reihenhausvorgarten des Städtchens Norwich, in typisch britischer Gestalt – der eines Teekessels.

# Ein Pflänzchen für
# die Sieger

Was wurde ihr nicht alles angetan und angedichtet, der deutschen Eiche! Daß sie Standfestigkeit und Stärke symbolisiere, mag noch nachzuvollziehen sein. Daß sie aber Sinnbild sei für die «Treue zur angestammten Art», für Ausdauer und Einigkeit – dem kann nur ein Mißverständnis zugrunde liegen. Da stilisierte sich ein Volk ein knorriges Gewächs zum Inbegriff seiner angeblichen Nationaltugenden zurecht.

Deutschlandlied-Verfasser Hoffmann von Fallersleben schwärmte: «Frei und unerschütterlich wachsen unsere Eichen»; und das Niedersachsenlied tümelt: «Fest wie unsere Eichen halten allezeit wir stand, wenn Stürme brausen übers deutsche Vaterland.» Die Eiche – ein deutsches Schicksal.

Dabei gibt es *die* deutsche Eiche gar nicht. Vielmehr wachsen in Mitteleuropa zwei verschiedene Arten. In den Mittelgebirgen gedeiht die Trauben- oder auch Wintereiche (*Quercus petraea*), und in Auen und Niederungen findet sich die Stiel- oder auch Sommereiche (*Quercus robur*). Beide sind leicht zu unterscheiden. Die Blätter der Traubeneichen sitzen auf langen Stielen, die der Stieleichen (ihrem Namen zum Trotz) auf kurzen.

Die alten Germanen haben solche botanischen Finessen vermutlich wenig interessiert. Sie verehrten die Bäume wie Heiligtümer und weihten sie Donar, dem Gott des Donners und der Blitze. Die wohl berühmteste aller Eichen stand im

Reich der Chatten, der Vorfahren der Hessen, nahe dem heutigen Städtchen Fritzlar. In einer Höhlung des Baums soll ein Standbild Donars verborgen gewesen sein, zu dem nur die Priester Zutritt hatten. Im Jahr 724 fällte Winfrid von Wessex, genannt Bonifatius, die heilige Eiche kurzerhand. Und zur großen Überraschung der Chatten schickte ihr Donnergott keinen Blitz.

Bonifatius bekehrte die Heiden, doch wollte es der Kirche nie ganz gelingen, die mächtigen Bäume zu entzaubern – allzusehr waren Eiche und Tradition miteinander verwachsen. Aus dem harten Holz des Baums entstanden Pflug und Fachwerk, Weinfässer und Schiffe. Die Gerbstoffe der Eichenrinde dienten der Lederherstellung. Die Gallen der Eichengallwespen lieferten Tinte. Und die Bauern mästeten ihre Schweine mit Eicheln.

Erst im achtzehnten und neunzehnten Jahrhundert entdeckte die aufkeimende nationale Bewegung die ideellen Ressourcen des Baums. Bald mußte er nicht allein patriotischen, sondern auch martialischen Zielen dienen. Unter dem Banner der Eiche zogen die Deutschen in den Krieg mit Frankreich. Und unter Eichen durften des Volkes tapfere Söhne ruhen, wenn sie dann gefallen waren.

Die absonderlichsten Blüten trieb der Kult um die langlebigen Bäume schließlich im «Tausendjährigen Reich». Allerorts schossen «Adolf-Hitler-Eichen» in die Höhe. Goldmedaillengewinner der Olympischen Spiele 1936 in Berlin durften ein Eichenbäumchen im Blumentopf mit nach Hause tragen – als Gabe des deutschen Volkes. Eichenlaub prangte auf den Schulterstücken der Generale und auf den Uniformen der SA. Ihren ergebensten Kriegern und Schergen verlieh das Regime «Das Ritterkreuz mit Eichenlaub».

Noch heute ziert Eichenlaub das große Bundessiegel. Auf unseren Fünfzigpfennigstücken pflanzt eine Maid ein eichenes Wohlstandspflänzchen. Und Schrankwände Eiche rustikal schmücken deutsche Wohnzimmer. Doch es ist stiller geworden um den deutschen Baum. Die Eiche, die einst drei Viertel des wilden Germaniens bedeckte, nimmt nur noch zwei Prozent der Fläche der Bundesrepublik ein. Sie kränkelt an neuartigen Waldschäden. Und nicht einmal zur Feier der deutschen Einheit kam sie zu Ehren. Die Bundestagsabgeordneten riefen einen anderen Baum zum «typisch deutschen» aus – die Linde.

# *Der grüne Vampir*

Früh in der Erdgeschichte hatte sich Australien vom Urkontinent Gondwana gelöst. Abseits der anderen Erdteile entstand dort eine ganz eigene reiche Fauna mit Kloakentieren, Ameisenbeutlern und fünfundfünfzig verschiedenen Känguruharten. Auch die Entwicklung der Pflanzenwelt nahm einen eigentümlichen Verlauf. Australiens Baumflora wird dominiert von einer einzigen Gattung, einem wandlungsfähigen Überlebenskünstler. In einer beispiellosen Erfolgsstory der Evolution schwang sich der Eukalyptus zum Herrscher über einen ganzen Kontinent auf.

Fünfundneunzig Prozent der Waldbäume Australiens sind Eukalypten. Sie eroberten den tropischen Norden ebenso wie den gemäßigten Süden, den feuchten Osten und den trockenen Westen, mal in der Gestalt eines Riesen, mal in der eines Zwerges. An der Baumgrenze der Snowy Mountains krallen sie sich als niedrige, vom Wind verformte Büsche in den Fels. Im Binnenland bilden sie ein dichtes Gestrüpp, und an den regenreichen Küsten, wo sie in tiefen, lehmigen Böden wurzeln, scheinen sie in den Himmel zu wachsen. Über hundertzwanzig Meter ragen sie auf, als die größten Lebewesen der Erde. Sie haben ihre Konkurrenten verdrängt, und nun setzen sie allenthalben ihre Duftmarken, die in Australien allgegenwärtigen Wolken ätherischen Öls.

Eu kalyptos – der Wohlbedeckte – tauften Botaniker den Baum, weil er nicht nur seine Samenkörner in Kapseln hüllt, um sie vor Feuer und Insekten zu schützen, sondern bereits seine Blütenknospen. Ordnung in seine Gattung zu bringen wollte den Wissenschaftlern allerdings nicht so recht gelingen. Allen Bemühungen der Taxonomen hat er erfolgreich widerstanden. Bei *Eucalyptus ebbanoensis* beispielsweise wächst der eine Same zum Baum heran, der andere zum Busch. Niemand vermag die Frage, wie viele verschiedene Eukalyptusarten es gibt, mit Bestimmtheit zu beantworten. Zwischen fünfhundert und achthundert lassen sich mehr oder weniger genau voneinander abgrenzen. Untereinander kreuzen sich die Arten und hybridisieren. Immer wieder entdecken die Forscher neue Varianten.

Alle bieten sie raffinierte Strategien auf, mit denen sie sich an ihren oft unwirtlichen Lebensraum angepaßt haben. Viele Eukalypten können ihre sichelförmigen Blätter so von der Sonne abwenden, daß sie kaum Schatten werfen. Dadurch reduzieren sie den Wasserverlust. Auch der Mantel aus Mentholgas, in den sie sich hüllen, hilft, Wasser zu sparen, da er den Dampfdruck über den Blättern erniedrigt. Die hohe Ölkonzentration in den Blättern schreckt die meisten Pflanzenfresser ab. Nur einer stört sich an dem Bonbonaroma nicht – der Koalabär.

Im Buschland lassen Eukalypten ihre Wurzeln in weitem Kreis um ihren Stamm direkt unter der Oberfläche wachsen. So können sie den spärlichen Morgentau aufnehmen und verhindern obendrein, daß sich unliebsame Widersacher ansiedeln. In große Wurzelknollen stecken sie Reserven, die es ihnen ermöglichen, nach einem Buschbrand wieder schnell und kräftig auszutreiben.

Auf extreme Weise hat sich *Eucalyptus camaldulensis* mit monatelanger Trockenheit arrangiert. Der Baum wächst an Flußläufen, die nur zur Regenzeit Wasser führen. Während der Dürreperioden kann er aktiv gesunde Äste abwerfen – ein Akt der Selbstverstümmelung.

Mit Hilfe des Menschen breitet sich das Erfolgsmodell aus Australien mittlerweile auf der ganzen Welt aus. Die Zellstoffindustrie erkor den Eukalyptus zu ihrer Lieblingspflanze, denn er vermag innerhalb von nur zehn Jahren bis zu dreißig Meter hoch zu schießen, liefert für die Papierherstellung bestens geeignetes Holz und bedarf kaum der Pflege. Genforscher haben das Wachstumswunder noch verbessert. Unter widrigsten Bedingungen, in Sümpfen, Wüsten und salzigem Boden, zogen sie Bäume der Art *Eucalyptus globulus*. Die Pflanzen wurden gekreuzt, geklont und in die Welt verschickt – mutiert zum resistenten Superbaum.

Naturschützern ist der Exportartikel ein Graus. «Eukalypten», klagt Thomas Lovejoy vom World Wide Fund for Nature (WWF), «sind Feinde allen restlichen Lebens.» Als «grünen Vampir» titulieren ihn seine Gegner, als «hölzernes Monster».

Eukalyptusplantagen fern der Heimat des Baums verursachen eine ganze Reihe ökologischer Probleme. Mikroorganismen können die zu Boden gefallenen Blätter nicht zersetzen. Die in ihnen enthaltenen Phenole wirken wie ein chemischer Kampfstoff, der auch anderen Pflanzen den Garaus macht. Deshalb bildet sich weder Humus noch Unterwuchs. Erosion und Versteppung setzen ein. Tiere finden in den sterilen Monokulturen keine Nahrung und keinen Unterschlupf. Weder Vögel noch Bienen halten sich in ihnen auf. Beängstigend still ist es daher in den Holzplantagen.

Die schnell wachsenden Bäume haben einen enormen Wasserbedarf. Früher wurden sie daher häufig als «Fieberbäume» angepflanzt, um Malariasümpfe trockenzulegen. Sie können den Grundwasserspiegel dramatisch absenken und so anderen Gehölzen oder nahen Äckern die Nahrung rauben.

In Spanien und Portugal, wo viele Großgrundbesitzer ihre Korkeichenwälder und Olivenbäume fällen lassen, um den grünen Rohstoff für die Papierindustrie zu gewinnen, tobt ein Bauernkrieg. Mit Hacken und Spaten bewaffnet machen sich Landarbeiter und Kleinbauern auf, um die Setzlinge der Eukalyptusplantagen herauszureißen. Die anspruchslose fremde Pflanze, so klagen sie, lauge die Böden aus und nehme ihnen die Arbeit weg.

Die Deutschen müssen nicht um ihre Eichen bangen. Hierzulande wird es keine Eukalyptuswälder geben. Unsere Winter sind dem Erfolgsbaum aus Australien zu kalt. Bislang zumindest.

## *Süßes aus dem Garten Eden*

Gleich zu Beginn spielt der Feigenbaum (*Ficus carica*) eine Rolle, im ersten Buch Mose, als erste Pflanze, die in der Bibel beim Namen genannt wird. Adam und Eva «flochten Feigenblätter zusammen und machten sich Schurze», als ihnen nach ihrem Sündenfall, wie es heißt, die Augen aufgetan und sie gewahr wurden, daß sie nackt waren. Wie selbstverständlich scheint der meist strauchartig wachsende Baum zum Garten Eden gehört zu haben und seine Früchte dabei natürlich zu den durchaus erlaubten, «verlockend anzusehen und gut zu essen».

Archäologische Funde belegen, daß die Völker des heutigen Israel den Feigenbaum schon früh genutzt und in Kultur genommen haben. So förderten Ausgrabungen der steinzeitlichen Siedlung Gezer an den Westhängen des judäischen Gebirges siebentausend Jahre alte getrocknete Feigen zutage. Schon damals gehörten die süßen Früchte offenbar zur täglichen Nahrung, rund ums Jahr. Denn dank ihres hohen Zuckergehaltes läßt sich die Feige in der Sonne dörren und anschließend monatelang aufbewahren, ohne zu verderben.

Die Bibel erwähnt die Frucht oft zusammen mit Wein als Symbol für Wohlstand und Frieden. So entwickelt Prophet Micha, als er das «kommende Friedensreich Gottes» preist, eine geradezu romantische Vision: «Ein jeder wird unter seinem Weinstock und Feigenbaum wohnen, und niemand wird sie schrecken.» Noch heute steht im Hebräischen die Redensart «unter seinem Feigenbaum wohnen» für ein ruhiges, sicheres Dasein. Im Gelobten Land durfte der Baum mit den markant gefingerten Blättern nicht fehlen. Das fünfte Buch Mose versprach: «Der Herr, dein Gott, führt dich in ein gutes Land, ein Land, darin Bäche und Brunnen und Seen sind, ein Land, darin Weizen, Gerste, Weinstöcke, Feigenbäume und Granatäpfel wachsen.»

Profanen medizinischen Zwecken diente die Pflanze Hiskias dem König von Juda. Er regierte von 728 bis 697 vor Christus und stellte den Jahwekult wieder her. Im Jahr 701, als die Truppen der Assyrer ihn hart bedrängten, litt er an einem lebensgefährlichen Abszeß. Der Prophet Jesaja heilte die Krankheit, indem er die Geschwulst mit Hilfe eines Feigenpflasters zum Aufbrechen brachte. Für die Selbstmedikation ist die Pflanze freilich schlecht geeignet: Ihr Milchsaft reizt die Haut und kann Dermatosen verursachen.

Das berühmte «Gleichnis vom Feigenbaum» aus dem Neuen Testament deuten Botaniker, im Gegensatz zu Theologen, nicht als Hinweis auf die Geduld Gottes, sondern vielmehr als Anspielung auf die komplizierte Reproduktionsbiologie der alten Kulturpflanze. Evangelist Lukas überliefert die Geschichte wie folgt: «Es hatte einer einen Feigenbaum, der war gepflanzt in seinen Weinberg, und er kam und suchte Frucht darauf und fand sie nicht. Da sprach er zu dem Weingärtner: Siehe, ich bin nun drei Jahre lang alle Jahre gekommen und habe Frucht gesucht auf diesem Feigenbaum und finde sie nicht. Haue ihn ab! Was hindert er das Land? Er aber antwortete und sprach zu ihm: Herr, laß ihn noch dieses Jahr, bis daß ich um ihn grabe und bedünge ihn, ob er doch noch wollte Frucht bringen; wo nicht, so haue ihn ab.»

Gärtner des Nahen Ostens sind mit dem Problem bestens vertraut. Viele von ihnen greifen zur Axt, wenn sich heraus-

stellt, daß ein Baum keine eßbaren Früchte trägt. Feigenbäume treten nämlich in zwei verschiedenen Formen auf, als
sogenannte Eßfeige, die nur weibliche Blüten trägt, und als
«Bocksfeige» mit weiblichen und männlichen Blüten. Zwar
liefern die Bocksfeigen kein Obst, doch ganz nutzlos sind sie
nicht. Denn ihre männlichen Pollen müssen auch die weiblichen Blüten der Eßfeigen befruchten. Das gelingt nur dank
der Mithilfe der winzigen Wespe *Blasto phaga psenes*. Sie legt
ihre Eier in die Blüten der Bocksfeige und verwandelt deren
Fruchtknoten in ungenießbare Gallen. Die Wespen verlassen
ihre Kinderstube durch eine kleine Öffnung und müssen auf
ihrem Weg nach draußen an den männlichen Blüten vorbei.
Dabei werden sie mit den Pollen bestäubt. Wenn die Insekten
nun die Blüten der Eßfeigen ansteuern, tragen sie die Pollen
auf deren Fruchtknoten.

Um der Bestäubung ihrer Eßfeigen nachzuhelfen, hängen
viele Garten- und Plantagenbesitzer einige Bocksfeigen-
zweige zwischen die Äste ihrer Bäume. Fachleute bezeichnen
den umständlichen Befruchtungsvorgang als Kaprifikation,
abgeleitet von *caprificus*, dem lateinischen Wort für Bocksfeige (von *capra* – Ziege und *ficus* – Feige).

Einen Ehrenplatz nimmt die Feige heute im «biblischen
Landschaftsreservat» von Neot Kedumim zwischen Jerusa-
lem und Tel Aviv ein. Dort gedeiht in steiniger Ödnis der
«Garten des Buches der Weisheit», angelegt von Nogah Ha-
reuvenis, einem Fachmann für Talmudische und Biblische
Botanik. Der Wissenschaftler hat alle hundertzehn in der
Heiligen Schrift erwähnten Pflanzenarten in einem ihnen
gemäßen Biotop versammelt und verfolgt so das Konzept ei-
ner «grünen Archäologie». Pflanzen, Steine und Tiere seien
«Gottes Vokabeln», meint er, «eine Predigt der Natur».

Ginkgo – China

# Erst die Enkel ernten

Zur Zeit der Dinosaurier, vor über hundert Millionen Jahren, wuchs fast überall auf der Erde ein Baum mit sonderbar geformten Blättern. Sie sahen aus wie breite, in zwei Teile zerschnittene Fächer. Mit den Dinosauriern verschwand der Baum. Heute zeugen zumeist nur mehr Versteinerungen von seiner Existenz. In einem Gebirge Südostchinas in den heutigen Provinzen Anhwei und Chekiang aber fand die Pflanze ein Refugium und überdauerte dort als ein «lebendes Fossil» fast unverändert die Jahrmillionen.

Die europäischen Botaniker hatten Schwierigkeiten, den Baum, den sie Ginkgo nannten, einzuordnen; denn er ist weder Laub- noch Nadelbaum. Sie mußten eigens eine neue Klasse schaffen (die Ginkgoähnlichen) mit nur einer Ordnung (die Ginkgoartigen), die nur eine Familie enthält (die Ginkgogewächse) mit nur einer Gattung (Ginkgo) und nur einer einzigen Art: *Ginkgo biloba*.

In den chinesischen Schriften wird der Urzeitzeuge erstmals während der Sung-Dynastie im elften Jahrhundert nach Christus erwähnt. Ya Chio (Entenfuß) heißt er dort oder auch Yin Hsing (Silberaprikose), weil seine Früchte silbrig glänzen. In der damaligen Hauptstadt Kaifeng galt die Frucht als sehr kostbar. Die Nuß, die sie enthält, wurde geröstet und als besondere Delikatesse verspeist. Alljährlich forderte der Kaiser von China die Früchte als Tribut von den südöstlichen Provinzen.

Der Dichter und Historiker Ou-yang schildert, wie der edle Prinz Li die Bäume von weit her bringen ließ, um sie in der Hauptstadt anzupflanzen. Li mußte viele Jahre warten, bis sie Früchte trugen. Als es endlich soweit war, hingen nur jeweils drei oder vier Nüsse an den Zweigen. Sie wurden dem inzwischen ergrauten Herrscher in einer goldenen Schale überreicht, und er ließ sie mit hundert Unzen Gold aufwiegen. Kung Sun Shu (Großvater-Enkel-Baum) nennen viele Chinesen den Ginkgo: Erst der Enkel kann von dem Baum ernten, den der Großvater gepflanzt hat.

Bald wuchsen Ginkgos als Zier- oder Obstbäume im ganzen Reich, und die Preise für die Früchte fielen. Die einstige kaiserliche Delikatesse wurde nun sogar zu Waschmittel verarbeitet. Ginkgosamen enthalten reichlich Fett- und Wachssubstanzen. Nach einer Behandlung mit Kalilauge entsteht aus ihnen Seifenpaste.

Chinas Ärzte entdeckten die Heilkraft des Ginkgos. Sie verschrieben seine Samen zur Beruhigung und zur Entschlackung sowie bei der Behandlung von Bandwürmern und Pocken. Manche Heilkundigen glaubten sogar, mit Ginkgofrüchten die Zipperlein des Alters hinauszögern zu können.

Westliche Mediziner nutzen heute Ginkgoextrakte wie das Bilobalid oder Ginkgolid. Sie sollen beispielsweise bei Störungen der Hirnleistung das Blut dünnflüssiger machen und helfen, den Körper besser mit Sauerstoff zu versorgen.

Den Europäern hatte als erster der deutsche Schiffsarzt und Naturforscher Engelbert Kaempfer von dem Baum mit den fächerartigen Blättern berichtet. Er war 1690 in Japan auf die Pflanze gestoßen, wo sie schon Jahrhunderte zuvor eingeführt worden war. Kaempfer war es auch, der den Begriff Ginkgo prägte, eine sehr freie Abwandlung des Namens Yin Hsing (Silberaprikose).

Heute wird der Ginkgo in Peking, Schanghai und anderen Großstädten gern als Straßenbaum gepflanzt, denn er erwies sich als erstaunlich widerstandsfähig gegenüber Abgasen. Ausgerechnet ein beinahe ausgestorbenes Fossil scheint mit den Unbilden des modernen Zeitalters besonders gut zurechtzukommen.

## Seine Blätter
## lähmen das Land

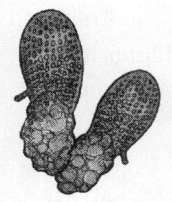

Jeden Nachmittag erstirbt in den Dörfern und Städten des Jemen das Leben. Männer aller Schichten und jeden Alters lassen sich auf weiche Kissen fallen. Hoch oben, im siebten oder achten Stock ihrer Lehmburgen, in den Gastzimmern, stopfen sie sich frische, grüne Blätter in die Backen. Sie kauen gemächlich, schlucken den bitteren Sud und ergeben sich stundenlang dem Rausch des Kats – der Volksdroge jenes Landes, das die Römer einst *Arabia Felix*, glückliches Arabien, tauften. «Kat», sagt der eine Jemenite, «das ist für mich wie Benzin für ein Auto, es treibt mich an.» – «Es ist der Baum des Goldes», schwärmt ein anderer. «Der Ruin unseres Landes», warnt ein Dritter.

Wie Spalierobst überzieht der Kat (*Catha edulis*) die alten Terrassen des Hochlands um Sana. Der nur wenige Meter hohe Baum, ein Verwandter des mitteleuropäischen Pfaffenhütchens, gilt heute als die wichtigste Einkommensquelle der jemenitischen Bauern. Muslimische Missionare sollen die Pflanze im siebten Jahrhundert nach Christus aus Somalia in den Süden der arabischen Halbinsel gebracht haben. Unter Glaubensbrüdern galt der Katgenuß als Geheimtip, weil er die sexuellen Begierden dämpfte und somit die Einhaltung religiöser Gebote erleichterte.

«Kat», so schreibt im elften Jahrhundert der arabische

Universalgelehrte Abu r-Raihan Muhammed ibn Ahmad al-Biruni, «löscht die Hitze, beruhigt die Galle, kühlt den Magen und die Gedärme.» Einige Jahrzehnte später empfiehlt der Mediziner Nagib ad-Din as-Samarqandi die Blätter des Baums als Mittel gegen Depressionen: «Sie erzeugen Wohlgefühl und vertreiben Trübsinn und Niedergeschlagenheit.» Katblätter enthalten über vierzig verschiedene Wirkstoffe. Der wichtigste, das Cathin, ähnelt dem Aufputschmittel Amphetamin. Es verengt die Gefäße, steigert den Blutdruck, erweitert die Bronchien, hemmt den Appetit und betäubt die Sinne.

Katkonsumenten berichten von einer großen Vorfreude, dem *mustaq ila l-quat* (sich sehnen nach dem Kat). Der Rausch selbst überkommt den Katkauer in drei Phasen. Zunächst fühlt er sich frisch, erregt und stark. Seine Gedanken erscheinen ihm kristallklar, er plaudert und scherzt. Nach etwa zwei Stunden gerät er in einen Zustand stiller Selbstzufriedenheit, der schließlich übergeht in Mattigkeit und Apathie. Ein Glas Milch, Kaffee mit Ginger oder auch Whiskey sollen diesem Kater abhelfen.

Neunzig bis fünfundneunzig Prozent der jemenitischen Bevölkerung, so schätzt der Frankfurter Ethnologe Armin Schoppen, konsumieren Kat. Die Männer öffentlich, die Frauen zu Hause. Bei jeder nur denkbaren Gelegenheit wird die Droge gereicht: wenn ein Kind geboren oder beschnitten wird, wenn die Pilger aus Mekka heimkehren, bei Krankheit und Beerdigung, bei Verlobung und Hochzeit, ja selbst in der Hochzeitsnacht.

Bis zu hundert Mark kostet ein Büschel der feinsten Sorte. Oft geben die Jemeniten mehr als die Hälfte ihres Einkommens für das Rauschgift aus. Die Bauern bauen oft nichts an-

*Feigenbaum — Israel*

*Ginkgo — China*

*Kat — Jemen*

*Kautschukbaum – Brasilien*

*Kokospalme — Fidschi*

*Korkeiche – Portugal*

*Linde — Deutschland*

*Mammutbaum — Kalifornien*

deres mehr an. Der Export von Kaffee, der als Mokka Jemen einst berühmt machte, ging drastisch zurück. Weizen muß eingeführt werden. Doch die Regierung ist machtlos. Schließlich kauen die Minister auf ihren Kabinettssitzungen selbst.

Vergeblich erzählen die wenigen Katgegner im Lande wieder und wieder die Geschichte des Königs El Moayyad Dawud, der von 1296 bis 1321 regierte. Als der Herrscher erfuhr, welche Wirkungen Katblätter haben, daß sie den Schlaf rauben, den Appetit nehmen und die Begierde lähmen, da rief er: «Was gibt es sonst für Freuden auf dieser Erde? Für diese drei Dinge gäbe ich alles. Bei Gott, ich werde davon nicht essen!»

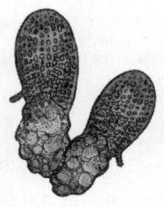

## *Gummirausch am Amazonas*

Es war eine abenteuerliche Reise, die Charles Marie de la Condamine unternahm. Von den peruanischen Anden aus wollte der französische Naturforscher die Atlantikküste Brasiliens erreichen. 1743 begann seine Fahrt quer durch den unerforschten Regenwald, durch das Gebiet des wasserreichsten Stroms der Erde. Die spanischen Eroberer hatten den Fluß nach den kriegerischen Indianerfrauen benannt, auf die sie an seinen Ufern angeblich gestoßen waren – Rio de las Amazonas. Condamine mußte auf seiner Suche nach unbekannten Pflanzen und Tieren reißende Stromschnellen und gefährliche Strudel passieren. Mehrmals riskierte er sein Leben.

Glücklich in Para angelangt, schickte er der Akademie der Wissenschaften in Paris unverzüglich jene Entdeckung, die er für seine wertvollste und erstaunlichste hielt. Es waren Brocken einer dunklen, harzigen Masse. In seinem langen Bericht an die Akademie schrieb der Forscher:

«In den Wäldern der Provinz Esmeraldas wächst ein Baum, den die Eingeborenen Hhevé nennen. Bei einem bloßen Einschnitt in die Rinde entfließt ihm eine weiße, milchähnliche Flüssigkeit, die sich an der Luft nach und nach verhärtet und schwarz wird. Die Eingeborenen machen Lichter daraus, die sehr gut ohne Docht brennen und eine helle Flamme geben. Die Bewohner der Provinz Quito bestreichen mit diesem Harz Leinwandstoffe, die dann zu demselben Zweck Verwendung finden wie bei uns das Wachstuch.

Derselbe Baum gedeiht auch an den Ufern des Amazonenstromes. Die Mainas nennen das Harz, das sie daraus gewinnen, cahuchu. Sie stellen Schuhe daraus her, die kein Wasser durchlassen.»

Condamine hatte den Kautschukbaum (*Hevea brasiliensis*) entdeckt, eine Pflanze aus der Familie der Wolfsmilchgewächse, dreißig, manchmal fünfzig Meter hoch, mit weißlicher Borke, einer luftigen Krone und langgestielten Blättern. Verstreut zwischen anderen Bäumen gedeiht er fast im ganzen Amazonasraum.

Schon früher waren Europäer voll Staunen auf ein Produkt des Gummibaums gestoßen – auf die Bathos genannten Bälle, mit denen an den Königshöfen Guatemalas und Yucatans die Edelsten ihre Kräfte beim Geschicklichkeitsspiel maßen. Mit Lederschlägern versuchten die Kontrahenten den bunten Bathos durch einen mehrere Meter hoch angebrachten Steinring zu treiben. Der Jesuit Hevier de Charlevoix schrieb über den Ball der Indianer: «Er springt höher als unsere Bälle, fällt auf den Boden und springt viel höher wieder auf, als die Hand ihn nach unten warf; er fällt nieder und springt von neuem, obgleich dieses Mal weniger hoch, und so nimmt die Höhe der Sprünge allmählich ab.»

Die weißen Eroberer hielten das elastische Material zunächst nur für eine Kuriosität. Anzufangen wußte damit in Europa keiner so recht etwas. Das getrocknete Harz des Kautschukbaums fand allenfalls als Radiergummi Verwendung – als «India Rubber». Allzu schwierig war die Verarbeitung des neuen Rohstoffs. Bei Kälte wurde er brüchig und bei Hitze klebrig.

Die weltweite Karriere des südamerikanischen Milchsaftes begann erst, als es dem Amerikaner Charles Nelson

Goodyear aus Newhaven im Bundesstaat Connecticut 1839 gelang, ihn zu veredeln. Goodyear erhitzte den Latex und versetzte ihn mit Schwefel. Dieses «Vulkanisieren» verlieh dem Kautschuk phantastische Eigenschaften, machte ihn beliebig formbar und unempfindlich gegen hohe wie niedrige Temperaturen. Er erwies sich nun als ideales Material für Regenmäntel und Gummistiefel, Klistiere und Pumpen, Schläuche und Dichtungen. Goodyear feierte auf den Weltausstellungen in Paris und im Kristallpalast von London Triumphe. Kautschuk avancierte zum Inbegriff der Moderne.

Die rasch wachsenden Industrien in den USA und Europa entwickelten bald einen gewaltigen Hunger nach dem Stoff aus dem Regenwald. Als die französische Fabrik Michelin & Cie um die Jahrhundertwende die Gummibereifung für Automobile entwickelte, war der Bedarf kaum mehr zu decken. Der Preis für Rohkautschuk stieg in schwindelerregende Höhen.

Der Kautschukboom schwemmte viel Geld nach Brasilien, aber auch Abenteurer und windige Geschäftemacher. Die Einwohnerzahl der Urwaldstadt Manaos verzehnfachte sich zwischen 1890 und 1913. Wo immer Kautschukbäume über die vielen Zuflüsse des Amazonas zu erreichen waren, begann ihre Ausbeutung.

Doch das Zapfen der Bäume inmitten des tropischen Regenwalds war äußerst mühsam. Die weißen Geschäftsleute nötigten Eingeborene, die Arbeit zu übernehmen. Häufig führten die Agenten der Konzessionäre ein brutales Regime, peitschten die Männer aus, vergewaltigten die Frauen. Betrug an den Seringueiros genannten Latexsammlern war die Regel. Ihre karge Entlohnung richtete sich nach einem alten kastilianischen Gewicht, der Arroba. In Brasilien entspricht eine Arroba knapp fünfzehn Kilogramm, während die Arrobamaße der Kaufleute bis zu fünfzig faßten.

Nach dem Ersten Weltkrieg brachen Brasiliens Monopolstellung und das große Geschäft mit dem Kautschuk vom Amazonas jäh zusammen. Eine geheime Mission im Jahr 1876 hatte den Keim für diesen Niedergang gelegt. Damals erhielt der englische, seit Jahren in Brasilien ansässige Farmer Henry Wickham einen Auftrag aus London. Er sollte so viele Samenkapseln der *Hevea brasiliensis* sammeln wie irgend möglich, das strenge Ausfuhrverbot der brasilianischen Behörden umgehen und die Schmuggelware auf schnellstem Wege nach England schiffen.

Mit Hilfe einiger Indianer klaubte Wickham siebzigtausend Samen zusammen und verstaute sie bei Dunkelheit im Achterdeck seines Schiffes, im untersten Stock des Laderaums. Unbehelligt erreichte er im Juni 1876 die Hauptstadt des Empire. Beheizte Wagen schafften die kostbare Fracht unverzüglich zum königlichen Botanischen Garten Kew Gardens. Dort hatte Direktor Sir Joseph Dalton Hooker bereits ein Orchideenhaus freigeräumt. Im feuchtwarmen Boden des englischen Gewächshauses keimten zweitausendachthundert der siebzigtausend Samen aus dem Regenwald. Ein Schnelldampfer mit einer eigens hergestellten Tropenkammer brachte bald darauf zweitausend Setzlinge nach Ceylon. Die geheime Operation war geglückt.

Allerdings dauerte es noch einige Jahrzehnte, bis die asiatischen Plantagen aufgebaut, die Techniken des Anbaus erprobt und ertragreiche Sorten gezüchtet waren. Doch als die neuen Gummibarone in Ceylon, Malaysia und Indonesien ihre Produktion im großen Stil aufnahmen, konnten die brasilianischen Exporteure des Wildkautschuks bald nicht mehr mithalten. Zu umständlich und zu primitiv waren ihre Methoden der Latexgewinnung.

Ein Exporthaus nach dem anderen stellte die Zahlungen ein. Die weißen Händler verließen das Land, viele Siedlungen entlang des Amazonas und seiner Nebenflüsse verfielen, und der Urwald gehörte – fürs erste – wieder Gürteltieren und Alligatoren. Sechzig Jahre hatte der Kautschukrausch gedauert. Und nun muß Brasilien, um seinen eigenen Bedarf decken zu können, das wundersame Harz der *Hevea brasiliensis* aus Asien einführen.

# Geeignet für 999 Zwecke

Die Inselwelt der Südsee erschien vielen Reisenden als ein Paradies auf Erden. Das verdankt sie nicht allein ihrem warmen Klima und ihren sanften Lagunen, sondern auch einem Baum – der Kokospalme (*Cocos nucifera*). Diese liefert nicht nur ein köstliches, vitaminreiches Fruchtfleisch und die Kokosmilch als erfrischendes Getränk. Alles an ihr, jede Faser und jedes Blatt, wußten die Bewohner der Fidschiinseln und anderer Eilande der Südsee zu ihrem Wohl zu nutzen. Sie ist eine Allround-Pflanze, ein Baum der totalen Verwertbarkeit. Die Kokospalme, so lautet ein asiatisches Sprichwort, eigne sich für 999 Zwecke. Und ein tausendster werde sich auch noch finden.

Aus den Stämmen zimmerten die Inselbewohner alle tragenden Teile ihrer Hütten, errichteten Brücken, bauten Auslegerboote oder fertigten bis zu sechs Meter lange Speere für die Fischerei. Aus der dicken Basthülle, welche die Kokosnuß umgibt und es ihr ermöglicht, monatelang von Insel zu Insel übers Meer zu schwimmen, entstanden Bindfäden, Seile und Taue. Die Schnüre hielten Häuser und Boote zusammen, dienten zum Reinigen der Zähne und zum Flechten von Sandalen, die vor den scharfen Kanten der Korallen schützten. Dächer und Wände von Hütten bestehen noch heute meist aus den bis zu sieben Meter langen Palmwedeln. Verwoben zu dichten Matten schützen sie ebensogut vor der sengenden Tropensonne wie vor dem heftigsten Platzregen. Sie dienen zudem als Material für Bodenbelag, Masken und Körbe. Sogar die berühmten Seekarten, die ihnen beim Navigieren in den Weiten des Pazifiks halfen, bastelten die Fidschianer aus kreuzweise gelegten Rippen der Palmwedel. Daran befestigte Steinchen und Muscheln markierten die Inseln.

Die Kokosnüsse selbst kursierten einst als Zahlungsmittel, wurden überbracht als Geschenk des Friedens oder Zeichen der Unterwerfung. Das im Kokosfleisch reichlich enthaltene Öl preßten die Insulaner aus. Damit rieben sie ihre Körper ein, zum Schutz gegen Kälte wie Sonne oder um leichter und schneller durchs Wasser gleiten zu können. Auch ihre Boote und Waffen ölten sie mit Kokosfett. Der Preßrückstand gab ein wertvolles Tierfutter ab.

Die Kokosmilch war auf den Inseln bei Trockenheit oft die einzige Flüssigkeit, die den Durst zu stillen vermochte. Wer sich verletzt hatte, reinigte mit ihr seine Wunden. Aus der harten Schale der Kokosnuß (botanisch gesehen ein Steinkern) entstanden Trinkgefäße und Schöpflöffel. Die Schale lieferte zudem wertvolles Brennmaterial. Selbst ihr Ruß fand Verwendung: Die Fidschianer gewannen daraus schwarze Farbe.

Der Saft, der aus den angeschnittenen Blüten der Kokospalmen träufelt, wurde einst Kleinkindern neben der Muttermilch verabreicht. Heute wird er zu Palmwein vergoren und anschließend zu Arrak destilliert.

Europäischen Missionaren war die Wunderpflanze suspekt. Weil sie ihrer Ansicht nach den Eingeborenen zuviel freie Zeit ließ für Tänze, Spiele und Ausschweifungen, verunglimpften sie die Kokospalme als den «Baum des faulen Mannes». In einigen Missionsstationen sollen die eifernden Verkünder des Christentums sogar versucht haben, die Kokoskulturen abzuschlagen und die Einheimischen zum mühseligen Ackerbau zu bewegen.

Mittlerweile werden die Produkte der Kokospalme industriell verwertet, in der melanesischen Heimat des Baums ebenso wie in Asien, Afrika und Mittelamerika. Aus Kokosöl entstehen Waschmittel und Seifen, aus gemahlenem Kokosbast Isolationsmaterial und Karton. Das viele Holz aber, das auf den Plantagen anfällt, bleibt oft ungenutzt. Ein Forschungsinstitut auf den Philippinen und Wissenschaftler in Hamburg suchen nun neue Verwendungsmöglichkeiten für die zwanzig bis dreißig Meter hohen Stämme. Eignen könnten sie sich zur Papierherstellung, für die Holzkohleproduktion, als Strommasten sowie als Werkstoff für Fenster, Leimholz und Parkett. Das Vorbild der Ingenieure ist klar: das Total-Recycling der alten Fidschianer.

## *Patriotin mit dicker Borke*

 Der Forstwissenschaftler Professor Vieira Natividade, Leiter einer Forschungsstation im portugiesischen Alcobaça, ist ein nüchterner Mann. Gewissenhaft beschäftigt er sich mit den Fragen der Ertragslehre oder mit den dramatischen Folgen der Bodenerosion. Doch wenn er auf sein wichtigstes Studienobjekt, die Korkeiche (*Quercus suber*), zu sprechen kommt, dann verwandelt sich der trockene Akademiker in einen romantischen Schwärmer. Er betreibt eine «Psychologie» seines liebsten Baumes und schreibt ihm «Temperament» zu. Das Wahrzeichen seines Landes sei, so behauptet er, selbstbewußt, rauh und kräftig, doch zugleich ein verläßlicher, bodenständiger Typ, eine außergewöhnliche Patriotin, die ihrem armen Land die Treue hält, obwohl sie dort oft gequält, vernachlässigt oder gar vernichtet wird. Tatsächlich sind alle Versuche fehlgeschlagen, die Korkeiche in Kalifornien, Südafrika oder Asien anzusiedeln. Zu eigen sind ihre Ansprüche an Klima und Boden. «Standorttreue» nennen das die Wissenschaftler. Professor Vieira Natividade spricht gern von «Heimatliebe».

Portugal ist das größte und produktivste Korkanbaugebiet der Welt. Auf neuntausend Quadratkilometern, immerhin zehn Prozent der Landesfläche, wachsen Korkeichenwälder, besonders ausgedehnt im Tal des Tejo sowie in den Provinzen Alentejo und Algarve. Mit unseren Eichenwäldern haben sie freilich wenig gemein. Die Bäume stehen meist in lockerem Abstand, und die Bauern nutzen die Flächen innerhalb der lichten Haine als Weiden oder Äcker. So verleihen die stattlichen, bis zu fünfundzwanzig Meter hohen Korkeichen mit ihren fast halbkugelförmigen immergrünen Kronen den Hügeln Portugals den Charakter eines Landschaftsgartens.

Die Besonderheit des Baumes ist eigentlich keine: Fast jedes Holzgewächs bildet eine Schicht aus Kork. Sie setzt sich aus vielen abgestorbenen Zellen des Rindengewebes zusammen. Die Wände der toten Zellen bestehen aus Zellulose, Lignin und dem eigentlichen Korkstoff Suberin, der sie nahezu undurchlässig macht für Gase und Flüssigkeiten. Mit ihrer Korkschicht schützen sich Pflanzen vor Hitze und Kälte, verhindern eine zu hohe Verdunstung und schirmen Parasiten ab. Bei der Korkeiche ist diese Schutzschicht freilich außergewöhnlich dick, nicht selten zwanzig bis fünfundzwanzig Zentimeter. Vermutlich hat sich der Baum seinen Panzer zugelegt, um den Waldbränden widerstehen zu können.

Geerntet wird der Kork alle neun Jahre, zur heißesten Jahreszeit, zwischen Juli und September. Die weichen, relativ großen Zellschichten des Frühjahrs erleichtern es den Wanderarbeitern, das Kleid der Eichen abzulösen. Und die Bäume haben noch genügend Zeit, vor dem Winter wieder eine ausreichend dicke Schutzhülle zu bilden. Die Technik der Korkschäler ist seit Jahrhunderten gleich geblieben. Mit einer Axt schneiden sie die Borke an, mehrmals rings um den Stamm, zwei- bis viermal in Längsrichtung. Mit dem keilförmig zugespitzten Griff ihres Beils hebeln sie dann die Korkplatten Stück für Stück vom Baum. Dabei müssen sie äußerst vorsichtig vorgehen, denn sie dürfen die unterhalb des Korks gelegene Bastschicht nicht verletzen. Bis zu vierzehnmal kann eine Korkeiche geschält werden, danach ist sie ausgelaugt und endet meist als Feuerholz.

Zwei Jahre müssen die Borkenstücke trocknen, bevor die fast sechshundert Korkfabriken Portugals, meist Familienbetriebe oder Unternehmen mit weniger als dreißig Angestellten, sie weiterverarbeiten. Die Arbeiter tauchen die Platten zunächst eine Stunde lang in Becken mit kochendem Wasser. Dieses Garen gibt dem Kork seine dauerhafte Elastizität. Dann wird er geschnitten, geschliffen und sortiert. Abfälle zermahlen die Fabrikarbeiter zu Korkschrot, den sie auf über vierhundert Grad erhitzen. Dabei lösen sich Harze, Wachse und Gerbstoffe. Sie wirken als natürlicher Klebstoff. Der Schrot läßt sich nun leicht zu Blöcken pressen und danach scheibchenweise zu Preßkorkplatten zersägen.

Wie vielseitig sich die Borke der Korkeiche verwenden läßt, wußte schon der römische Schriftsteller Plinius der Ältere (23 bis 79 nach Christus). Er berichtet, daß Fischer Schwimmer aus Kork an ihren Netzen befestigen und daß die Damen die Eichenborke als Sohlen an ihren Winterschuhen tragen. Fünfzehnhundert Jahre später verkleideten Englands Admiräle ihre Kriegsschiffe mit Kork, in der Hoffnung, daß feindliche Kugeln an ihm abprallen.

Den bis heute wichtigsten Verwendungszweck der Eichenrinden hat angeblich im siebzehnten Jahrhundert ein Kellermeister aus der französischen Abtei Hautvilliers entdeckt. Der Pater Dom Pérignon soll erstmals Flaschen mit Kork verschlossen haben, gefüllt mit dem von ihm erfundenen Champagner. Freilich leistete Kork schon in früheren Jahrhunderten ähnliche Dienste. Zum Beispiel fabrizierte der Naturforscher Theophrastus Bombastus, genannt Paracelsus (1493–1540), aus dem elastischen, wasserdichten Eichenmaterial Verschlüsse für seine Kolben und Retorten.

Da sich Weinliebhaber nicht an Plastikverschlüsse gewöhnen wollen, herrscht auf der ganzen Welt eine rege Nachfrage nach der Baumrinde aus Portugal. Wichtiger Rohstoff ist Kork auch für das Papier der Zigarettenmundstücke. In Mode gekommen ist er während der letzten Jahre als Bodenbelag und umweltfreundlicher Isolierstoff.

Trotz des hohen Bedarfs schwinden die Korkeichenwälder. Portugals Bauern roden sie, um Ackerland zu gewinnen oder Eukalyptusplantagen anzulegen. Vor allem an der Küste fallen sie der Zersiedelung zum Opfer. Für viele Korkeichenbesitzer lohnt trotz des hohen Weltmarktpreises die Ernte nicht mehr. Zu teuer ist der Lohn für die archaische Handarbeit der Korkschäler. Schon müssen einige der kleinen Korkfabriken schließen.

Dort, wo die Bäume noch geschält werden, geschieht dies oft rücksichtslos. Früher ließen die Erntearbeiter am Fuß der Stämme Korkringe stehen. An diesen sogenannten Schuhen konnten die Waldbesitzer das Alter ihrer Bäume abzählen. Heute wird kein Bröckchen mehr verschenkt, die Schuhe werden mit abgerissen. Die Bäume, klagen die alten Bauern, müssen nun ihr Leben lang barfuß stehen.

# Der Baum fürs Gemüt

Ein Baum, der herzförmige Blätter trägt und dessen Blüten einen süßlichen Duft verströmen, hat alle Voraussetzungen für eine Karriere als «Baum der Liebenden». Mag die Eiche des Deutschen Tapferkeit verkörpern, die Linde steht für die sanfteren Züge. Sie ist der Baum fürs Gemüt.

Die Germanen weihten sie Freyja, der zauberkundigen Göttin der Fruchtbarkeit. Der mittelalterliche Dichter Walther von der Vogelweide besang Schäferstündchen, die sich in ihrem Schatten abspielten: «Unter linden, an der heide, da unser zweier bette was». Vier Jahrhunderte später soll ein Student namens Goethe solchem Vergnügen gemeinsam mit Friederike Brion nachgegangen sein.

Linden erinnern an eine Zeit, in der die Welt noch in Ordnung schien, an dörfliche Idylle, an fahrende Sänger und Brunnen vor dem Tore. Gepflanzt wurden sie auf Marktplätzen und in Burghöfen, auf Anhöhen und neben Bildstöcken. Sie waren Mittelpunkt, Heiratsmarkt und Tanzboden. Hier wurde geschwätzt und gezecht, aber auch Recht gesprochen. Noch Kurfürst August von Sachsen unterzeichnete seine Verordnungen mit «Gegeben unter der Linde». Mehr als achthundert deutsche Orte führen sie in ihrem Namen – Lindau, Lindenberg und Lindenfels, aber auch Leipzig: Es hieß früher Lipzie, abgeleitet von *lipa*, dem slawischen Wort für die Linde.

Ihr Holz galt als heilig, als *lignum sacrum*. Zwar ist es zum Bauen von Häusern wertlos, weil es zu weich ist und im

Freien schnell verrottet. Zum Schnitzen von Figuren und Masken aber eignet es sich hervorragend, denn es läßt sich in jeder Richtung schneiden und drechseln, ohne auszubrechen. Weil seine Jahresringe kaum erkennbar sind, wirkt es vollkommen ebenmäßig. Aus Lindenholz schnitzten Veit Stoß und Tilman Riemenschneider ihre berühmten Altäre und Madonnen.

Obwohl ihr Holz rasch morsch wird und ihr Stamm hohl, können Linden uralt werden. Sie sind ein Wunder an Vitalität. Von der Wurzel her oder aus «schlafenden Augen» am Stamm treiben sie immer wieder neu aus. Beide in Deutschland heimischen Arten, die Winterlinde (*Tilia cordata*) und die Sommerlinde (*Tilia platyphyllos*), überstehen selbst schwerste Stürme. Autoabgase und Streusalz hingegen vertragen sie nicht. Deshalb ist es fraglich, ob sich auch in Zukunft noch die Volksweisheit bewahrheiten wird, daß die Linde «dreihundert Jahre kommt, dreihundert Jahre steht und dreihundert Jahre vergeht».

Dort, wo Dorfplätze und Biergärten noch nicht asphaltiert sind, wo genügend saubere Luft und reines Wasser bleiben, gibt es sie noch, die Baumveteranen. Zum Beispiel die Linde von Reelkirchen, die im zwölften Jahrhundert gepflanzt worden sein soll. Ihre Hauptäste weisen exakt in die Richtung jener Dörfer, die zum Kirchspiel der Gemeinde gehören. Oder die Wolframslinde im Bayerischen Wald, ein zerklüfteter Gigant, von dem es heißt, schon der Parzival-Dichter Wolfram von Eschenbach habe unter seinem Laubdach gesessen.

Im Fränkischen stehen die legendären Tanzlinden. Auf, in und unter ihnen wird die «Kerwa» (Kirchweih) gefeiert. Im

Örtchen Limmersdorf spielt die Kapelle in der Baumkrone. In der unteren Astetage drehen sich die Tanzpaare. Viele Jahrzehnte muß es gedauert haben, die tragenden Äste des Baumes so weit zu trimmen, daß sie waagerecht wuchsen und auf ihnen ein Boden verlegt werden konnte. Sandsteinpfeiler stützen den luftigen Festplatz ab.

Einem aber muß die Tändelei und all der Frohsinn rings um die Linde wie Hohn erschienen sein – dem deutschen Helden Siegfried. Als der junge Nibelunge im Drachenblut badete, um unverwundbar zu werden, fiel ein Lindenblatt auf seinen Rücken. An jener Stelle sollte Hagens Speer ihn durchbohren.

*Mate – Paraguay*

*Muskatnußbaum – Indonesien*

*Okumé — Gabun*

*Olivenbaum – Griechenland*

*Weihrauchbaum — Oman*

*Zeder — Libanon*

*Zirbelkiefer – Österreich*

*Zypresse – Italien*

# Kahlschlag im Sequoienwald

Die Mammutbäume Kaliforniens gehören zu den höchsten und mächtigsten Geschöpfen der Erde, übertroffen nur noch von einigen Eukalypten Australiens. Der höchste der Hohen Kaliforniens heißt schlicht «Tall Tree», zählt zu den Immergrünen Mammutbäumen oder Küstensequoien (*Sequoia sempervirens*) und steht in einem Wald nahe am Pazifischen Ozean. Mit seinen hundertzwölf Metern überragt er die Freiheitsstatue in New York um fast zwanzig Meter. Der mächtigste der Mächtigen trägt den Namen «General Sherman», gehört zu den Riesenmammutbäumen (*Sequoia giganteum*) und wächst in den Bergen der kalifornischen Sierra Nevada. Er mißt zwar «nur» dreiundachtzig Meter himmelwärts, doch sein Fußdurchmesser beträgt mehr als elf Meter. Achtzehn Menschen wären nötig, um den etwa zweitausendfünfhundert Jahre alten und über zwölfhundert Tonnen schweren Giganten zu umfassen. Dabei wuchs auch «General Sherman» aus einem Samen heran, der kaum größer war als der einer Tomate.

Die vielen Indianerstämme, die einst an der Westküste Nordamerikas lebten, haben zumeist nur das Holz und die Rinde umgestürzter Mammutbäume genutzt, etwa für ihre *wickiups* genannten Hütten. In monatelanger Arbeit fertigten die Yuroks aus Sequoien ihre Kanus. Sie höhlten die Stämme mit Hilfe des Feuers aus, bearbeiteten sie mit einfachen Werkzeugen aus Horn und polierten sie schließlich mit Steinen.

Zum Spottpreis von nur drei Decken, drei Hacken und zwei Äxten kauften die frühen Siedler Kaliforniens – die russischen Bewohner von Fort Ross – im Jahr 1912 von den Indianern das erste große Areal eines Sequoiawaldes. In Gefahr gerieten die Mammutbäume indes erst, als am Fuße der Sierra Nevada Gold gefunden wurde. Zu Zehntausenden strömten Mitte des neunzehnten Jahrhunderts die Abenteurer ins Land. Vor allem San Francisco boomte. Erbaut wurden seine Häuser aus Küstensequoien. Ihr Holz ist ein idealer Werkstoff – leicht und zugleich hart, fast unverwüstlich. Denn es enthält, wie man heute weiß, natürliche Insekten- und Pilzvernichtungsmittel, die Substanzen Sequirin A und B. Zudem ist Sequoiaholz nur schwer entflammbar, weil es keine Harze besitzt.

Kaliforniens Gold ging rasch zur Neige, doch sein Reichtum an Mammutbäumen schien unendlich. Dem Goldrausch folgte der Holzrausch. Allenthalben entstanden Sägemühlen. Holzunternehmen ergaunerten ganze Hügelketten für wenige Cents. Zunächst rückten die Waldarbeiter den Baumriesen noch mit Axt und Säge zuleibe. Mindestens eine Woche brauchten drei Mann für einen Baum. Notfalls nahmen sie Dynamit.

Seit den dreißiger Jahren des zwanzigsten Jahrhunderts dröhnen Raupen, Traktoren und Motorsägen in den Wäldern. Das schwere Gerät läßt nach einem Kahlschlag zerstörte Flora und vernichteten Boden zurück. Nie wieder, so fürchten die Naturschützer, werden auf den verwüsteten Flächen so mächtige Bäume wachsen können wie zuvor.

Schon seit über hundert Jahren versuchen Naturfreunde, möglichst viele der Sequoien vor der Vernichtung zu bewahren. Zumeist zogen sie den kürzeren. Mehr als neunzig Prozent der ehemaligen Mammutbaumwälder sind inzwischen kahlgeschlagen, nicht einmal vier Prozent der ursprünglichen Fläche stehen unter Schutz.

Nun pilgern die Städter aus Los Angeles oder San Francisco zusammen mit Touristen aus aller Welt zu den letzten kleinen Resten der einst riesigen Urwälder. Im Muir Woods National Monument bei San Francisco, dem Redwood National Park an der Grenze zum Bundesstaat Oregon oder im Sequoia National Park in der südlichen Sierra Nevada können sie noch bestaunen, was in den Jahrtausenden vor der Ankunft des weißen Mannes in den Himmel wuchs. Das größte Vergnügen: mit dem Auto durch einen ausgehöhlten *drivethru* tree tuckern. Naturerfahrung auf amerikanische Art.

# Der Zaubertrunk
# der Guarani

Pedro de Mendoza war ein mutiger, ja tollkühner Mann. Sein König hatte den spanischen Edelmann ausgeschickt, die Neue Welt zu erobern. Im Jahre 1536 kämpfte sich der Seefahrer mit seinen Leuten durch den südamerikanischen Urwald zum Rio de la Plata. Die Strapazen der Expedition waren enorm. Die Spanier litten unter Hitze und Entbehrungen und wurden von Tag zu Tag schwächer. Ihren einheimischen Trägern aber schien der mühselige Marsch nichts auszumachen. Mit einer erstaunlichen Zähigkeit und großem Gleichmut schleppten sie ihre Lasten durch das unwegsame Gelände.

Bald entdeckte Mendoza das Geheimnis ihrer Leistungskraft. Die Indianer vom Volk der Guarani pflückten die Blätter eines rund fünfzehn Meter hohen Baumes, rösteten sie über dem offenen Feuer und bereiteten sich daraus jeden Tag ein besonderes Gebräu. Sie legten die Blätter in ein kürbisartiges Gefäß und übergossen sie mit heißem Wasser. Mit einem kleinen Rohr schlürften sie ihre Schalen leer. Der Trunk vertrieb die Müdigkeit und nahm den Indios das Gefühl des Hungers. Tagelang konnten sie, ohne andere Nahrung zu sich zu nehmen, schwer arbeiten.

Der Zaubertrunk der Guarani ist heute das Nationalgetränk Paraguays. Ob zum Frühstück, nach dem Mittagessen oder am späten Nachmittag, ob als Zeichen der Gastfreundschaft oder als Mittel zur Entspannung, ob an den Feuern der Gauchos oder auf den Terrassen der reichen Hacienderos — Mate mit seinem rauchigen Aroma und seinem herben, etwas bitteren Geschmack gehört zu dem Land wie der Espresso zu Italien oder der Tee zu Großbritannien.

Doch anders als Tee oder Kaffee wird Mate nie in Eile getrunken. Das traditionelle Zeremoniell erzwingt eine außerordentliche Langsamkeit. Immer wieder kreist bei den geselligen Materunden, den *mate conversados*, der Kürbis. Immer wieder gießt der Gastgeber neues Wasser auf. Es gilt, genußvoll zu saugen, bis der Geschmack der Blätter allmählich schwindet. Wohlhabende Matetrinker benutzen statt eines getrockneten Kürbisses ein reich ziseliertes silbernes Gefäß, die *calabaza*. Auch ihr Saugröhrchen, die *bombilla*, besteht aus reinem Silber. Wahre Genießer tragen ihre Utensilien stets bei sich. Ihre Matetaschen bieten auch Platz für eine Wasserkanne und reichlich Blattwerk.

Der Matebaum gehört zur Gattung *Ilex* und ist mit den europäischen Stechpalmen verwandt. Seinen wissenschaftlichen Namen, *Ilex paraguariensis*, hat ihm 1823 der französische Forschungsreisende Auguste de Saint Hilaire gegeben. Außer in Paraguay wächst die Pflanze auch im südlichen Brasilien sowie im Norden Argentiniens. Ihre Blätter sind etwa zwanzig Zentimeter lang, ledrig, dunkelgrün und fein gezahnt.

Es waren die Jesuiten, die das «Lebenselixier» der Guarani-Indianer zur Volksdroge machten. 1608 hatten sie in Paraguay einen eigenen Ordensstand ausgerufen. Ihnen gelang es, den wilden Matebaum in Kultur zu nehmen. Das war nicht leicht. Denn seine Samen keimen erst, wenn sie den Verdauungstrakt von Vögeln passiert haben. Die Jesuiten lösten das Problem, indem sie die Samen ihren Hühnern unters Futter mischten.

Für den Orden wurde Mate bald zur Quelle seines Reichtums. Er besaß das Monopol, auch für den Export nach Europa. Die Jesuiten waren so sehr bemüht, ihr Geschäftsgeheimnis zu wahren, daß sie Mate nur zermahlen auf den Markt brachten. Niemand sollte die Pflanze erkennen können. Auf ihren Plantagen arbeiteten Guarani. Die Indianer fanden in den Missionen der Jesuiten Schutz vor den brasilianischen Sklavenjägern aus São Paulo.

Doch nach der Vertreibung der Jesuiten und dem päpstlichen Verbot ihres Ordens im Jahr 1773 verwilderten die Pflanzungen. Die Guarani kehrten in den Urwald zurück. Erst um 1900 gelang es dem deutschstämmigen Farmer Frederico Neumann in der Kolonie Nueva Germania erneut, Zuchtformen des Mate heranzuziehen. Reine Salzsäure und Ätzkali brachten die Samen zum Keimen.

Mittlerweile haben Wissenschaftler die Inhaltsstoffe des Mate analysiert und seine anregende Wirkung erforscht. Seine Blätter enthalten mehr als zwei Prozent Koffein, daneben die Alkaloide Theobromin und Theophyllin. Ein Anteil von fünfzehn Prozent Gerbstoffen verleiht Mate seinen bitteren, adstringierenden Geschmack. Saponine lassen den Blätteraufguß aufschäumen. Sein hoher Gehalt an den Vitaminen A, $B_1$, $B_2$ und C macht das Getränk zu einer wertvollen Ergänzung der eintönigen Ernährung vieler Südamerikaner, die oft nur aus Fleisch, Brot oder Mais besteht. Allerdings stieß die Weltgesundheitsorganisation (WHO) auf bedenkliche Eigenschaften des Mate. Beim Rösten der Blätter entstehen giftige Benzpyrene. Die Mediziner der WHO fanden Hinweise, daß Matetrinker besonders oft an Speiseröhrenkrebs erkranken.

In Europa ist Mate bis heute ein exotisches Getränk geblieben. Während andere Genußmittel aus Südamerika wie Kaffee, Kakao oder Tabak Karriere machten, haftet dem «Jesuitentee» noch immer ein Reformhausgeruch an. Nun versuchen die Importeure mit einer Eigenschaft des Mate neue Kunden zu gewinnen, deren sich schon die Guarani zu bedienen wußten. Er stillt den Hunger. Als Schlankmacher soll Mate wohlgenährten Europäern helfen, als überflüssig empfundene Pfunde zu verlieren.

# *Hollands Händler*
# *brachten den Tod*

Auf einer kleinen Inselgruppe Hinterindiens
lebte einst ein Volk ohne König. Es gehorchte
allein dem Rat der Alten. Die Bandanesen,
so hieß das Volk, besaßen eine große Zahl von
Bäumen mit pyramidenförmiger Gestalt und
ledrigen Blättern. Aus den Nüssen, die auf den Bäumen
wuchsen, stellten sie ein Öl her, das berauschende und heil-
same Wirkungen hatte. Den größten Teil der Nüsse aber verschifften die Insulaner in ihren Dschunken und Prauen nach
Celebes oder Java, wo sie dafür Sago und Tabak, Baumwolle
und Seide oder auch große Gongs aus Metall eintauschten.

Karawanen schafften die Nüsse über Bagdad und Syrien bis
nach Europa, wo sie als Muskat (mittellateinisch für «Mo-
schusduft») das Zweihundertfache ihres ursprünglichen
Preises einbrachten. Für die Damen bei Hofe wurden sie wie
kostbare Steine in Silber gefaßt oder zu Rauchkerzen verarbeitet, denn, so berichten alte Quellen, sie «geben zu brennen einen guten Geruch». Zugleich dienten sie als eine viel-
seitige Arznei. Muskat sei, wie der mittelalterliche Gelehrte
Tabernaemontanus schrieb, «gut wider Grimmen und Len-
dengriess, stärkt den Magen kräftig, mildert die Brusterfül-
lung, macht die Stimme helle, mehrt den Samen und beför-
dert das eheliche Werk».

Vor allem aber machte die Nuß aus Hinterindien als Gewürz Karriere. Das Dreihundertjährige Klosterkochbuch aus dem Dominikanerkloster St. Pauli in Leipzig etwa empfiehlt Muskat, «um ein köstlich Sod auf Repphühner, Kapphahnen und andere Hühner zu machen», oder für ein «welsch Gekröse mit Kaldaunen» sowie für Süßspeisen wie zum Beispiel «gerührten Eiermus und Bumbstellerchen».

Bald nachdem Vasco da Gama im Jahr 1498 den Seeweg nach Indien entdeckt hatte, kreuzten die ersten Europäer vor den Bandainseln auf. Portugiesen, Spanier und Engländer stritten um den lukrativen Handel mit den Nüssen. Das große Unglück aber brachten die Holländer über Banda. Im Jahr 1621 ließ die Vereenigde Oost-Indische Compagnie die Inseln erobern. Die Soldaten der mächtigen Handelsgesellschaft verbrannten die Dörfer der Einheimischen, hängten oder vierteilten die Vornehmen unter ihnen, erschlugen oder vertrieben das einfache Volk. Von ursprünglich fünfzehntausend Bandanesen lebten nach dem Raubzug der Niederländer nur mehr fünfhundert auf den Inseln. Als Sklaven mußten sie fortan zusammen mit verschleppten Angehörigen anderer Völker in den Muskatplantagen Frondienst leisten.

So brutal wie mit den Menschen ging die Vereenigde Compagnie auch mit der Natur um. Um ihr Monopol zu sichern, streiften holländische Truppen regelmäßig auf sogenannten Hongizügen über die Nachbarinseln und rodeten und verbrannten dort Tausende von Muskatbäumen. Auf daß kein Fremder das Geschäft mit unkontrollierbarer Überproduktion verderbe.

Trotz aller Ausbeutung von Sklaven und Muskatwäldern und trotz der gewaltigen Gewinnspannen richteten die Kaufleute ihr Imperium zugrunde. Sie wurden selbst Opfer ihrer Gier. Allzu hoch waren die Dividenden für die Aktionäre, zu groß die Korruption, zu aufgebläht der Verwaltungsapparat. Am Ende des achtzehnten Jahrhunderts war die Vereenigde Oost-Indische Compagnie, die mit dem Handel von Muskat, Zimt und Gewürznelken ungeheure Reichtümer erwirtschaftet hatte, bankrott.

Erst seit die Unabhängigkeit von den Niederlanden im Jahr 1949 erklärt worden ist, kann Hinterindien – das nun Indonesien heißt – selbst von seinen Schätzen profitieren. Heute sind das vor allem Rohzinn, Kupfererz und Erdöl. Mit der Muskatnuß (*Myristica fragrans*) ist kein Staat mehr zu machen. Das Monopol gibt es nicht mehr, der Baum wird mittlerweile in vielen Ländern angebaut. Der Weltmarkt diktiert die Preise – und die sind sehr niedrig.

## *Futter für die Holzfabriken*

Auch die Geschichte des Baums, den die westafrikanische Republik Gabun in ihrem Staatswappen führt, handelt von der Arroganz europäischer Kaufleute und von Ausplünderung der Natur und der Menschen in der Dritten Welt. Sie beginnt im Jahr 1889, als der deutsche Konsul in Gabun und Generaldirektor der Reederei Woermann den damaligen französischen Gouverneur Charles de Cahvannes überredete, ihm den Stamm eines mächtigen Gewächses mit glatter Rinde und kugelförmiger Krone zu überlassen. Die Volksstämme der N'Komi und Mitsogho nannten die Pflanze Okumé. Sie bauten aus ihrem Holz Einbaumboote und nutzten ihr öliges Harz, das Elemi, zur Herstellung von Fackeln. Ein Häuptling wurde beauftragt, ein Exemplar heranzuschaffen, und der deutsche Konsul ließ den Stamm nach Hamburg verfrachten. Dort prüften Holzingenieure, ob sich der Handel mit der exotischen Spezies lohnen könnte.

Das weiche Holz des Okumé erwies sich als idealer Werkstoff. Es läßt sich leicht sägen, hobeln und schaben, gibt Schrauben und Nägeln besten Halt, eignet sich zum Schnitzen und Drechseln. Okumé sollte zum gefragten Rohstoff werden für die Produktion von Schubladen und Türrahmen, von Jachten und Flugzeugen, von Zigarrenkisten und Koffern. Vor allem aber avancierte Okumé wegen seines gleichmäßigen Wuchses zum begehrtesten Schälholz der Sperrholz- und Furnierindustrie.

1895 gab ein französischer Botaniker dem Baum, der zur Familie der Burseraceen gehört, seinen wissenschaftlichen Namen. Zu Ehren des Missionars Pater Klaine nannte er ihn *Aucoumea klaineana*. Sein Vorkommen beschränkt sich auf ein Gebiet von der Größe Westdeutschlands. Es reicht vom zweiten nördlichen bis zum vierten südlichen Breitengrad und deckt sich genau mit den Staatsgrenzen von Gabun. Der lichtbedürftige, schnell wachsende Baum gedeiht vor allem in der Übergangszone zwischen tropischen Regenwäldern und der Feuchtsavanne. Er erreicht Höhen bis zu vierzig, vereinzelt auch sechzig Metern. Oft bleibt sein Stamm bis in dreißig Meter Höhe astfrei.

In den Anfangszeiten sei die Ausbeutung des Okumé vergleichsweise einfach gewesen, berichtet Rolf Wagenmann, Mitinhaber und Abgesandter der Hamburger Luschka & Wagenmann Kommandit-Gesellschaft. In seinem Buch «Die Holzgewinnung in den westafrikanischen Urwäldern» aus dem Jahr 1935 heißt es: «Der drüben sitzende Europäer gab den Bewohnern irgendeines Dorfes den Auftrag, eine Partie zu bringen, und hatte nur die Auswahl zu erledigen.» Es seien Bäume gewesen, welche die Eingeborenen in der nächsten Nähe der flößbaren Wasserläufe fällten, weil eine andere Transportmöglichkeit ausgeschlossen war. Dieses leicht erreichbare Holz ging rasch zur Neige, und so mußte Wagenmann zufolge «die überlegene Intelligenz des Weißen daran gehen, Waldbahnen zu bauen, um das Holz aus dem Inneren des Landes holen zu können».

Ein Bahnbau, prahlt der Emissär, stelle schon in Europa eine gewaltige Leistung dar. Unter afrikanischen Verhältnissen aber sei er eine «wirklich nicht genug bewunderungswerte Tat». Mit primitivsten Mitteln und trotz fehlender Ar-

beitskräfte hätten die weißen Techniker kühnste Brücken-
bauten über sumpfiges Gelände errichtet. Freilich konnten
die Bahnen nur zwei oder drei Jahre benutzt werden, bedau-
ert Wagenmann. Denn dann waren die Holzvorräte im so-
eben erschlossenen Gebiet erschöpft.

Von seiner neunmonatigen Exkursion durch den Regenwald kehrte Rolf Wagenmann voll Ehrfurcht vor den Raubbau treibenden Europäern zurück. «Für den Mann, der seine
Exploitation leitet», schreibt er, «ist es ein Leben der Entsa-
gung, das schwerste körperliche Anstrengungen erfordert.»
Denn ihm dräuten Malaria, Gelbfieber und allerlei Schmarotzer im Blut. «So wird der Mann, der hoffnungsfreudig
hinauszog, in diesen fernen Urwäldern um Jugend und Gesundheit betrogen.»

Für die Bewohner Gabuns hingegen hat der deutsche
Holzhändler nichts als Verachtung übrig. «Nur sehr energi-
sche und zielbewußte Männer», heißt es in seinem Bericht,
«können diese primitiven Menschen richtig führen. Denn
das steht fest: wenn die Schwarzen sich einmal nicht über-
wacht fühlen, wird gefaulenzt.» Die Arbeitsfreudigkeit sei
sehr gering, und die Leistungen stünden nicht im Einklang
mit der Menge der eingesetzten Menschen. «Aber dafür»,
notiert Wagenmann mit Genugtuung, «werden auch nur
niedrige Löhne gezahlt.»

Nur an einer Stelle scheinen dem Berichterstatter Zweifel
zu kommen an der schonungslosen Ausbeutung der Urwälder. Kritisch vermerkt er: «Es ist wahrhaft ein Jammer, zu
sehen, welche Mengen Holzes zurückgelassen werden müssen und verrotten, weil sie den hohen europäischen Qua-
litätsanforderungen nicht gerecht werden.»

Noch heute leben etwa fünfzehn Prozent der anderthalb

Millionen Einwohner Gabuns vom Okumé. Zwar hat die staatliche Cie Forestière du Gabon mittlerweile eine der größten Sperrholzfabriken der Welt mit einer Tageskapazität von dreihundert Kubikmetern errichtet, doch noch immer verlassen achtzig Prozent der geschlagenen Bäume das Land als unveredelter Rohstoff. Die Interessen Frankreichs bestimmen die Exportpolitik. Sieben Unternehmen teilen sich den Markt.

Da Gabun unter einer hohen Schuldenlast leidet und von sozialen Unruhen erschüttert wird, dürfte die Ausbeutung der Wälder weitergehen. Zwar gilt die Küstenregion als «ausgeschlagen», doch die 1986 fertiggestellte Transgabun-Bahn hat bislang unzugängliche Landstriche erschlossen. Das Land ist stolz auf seinen Exportschlager, den «Brotbaum der Sperrholzindustrie». Anläßlich eines Jahrestages der Unabhängigkeit von Frankreich feierte es ihn auf einer Briefmarke. Sie besteht aus Holz, aus Okumé-Furnier der Stärke 0,6 Millimeter.

# Das Öl, das Hellas
## mächtig machte

Zwischen dem Meeresgott Poseidon und Pallas Athene, der Herrin der Weisheit, entbrannte einst ein heftiger Streit. Beide Gottheiten bestanden darauf, daß die prächtige Stadt, die in Attika gegründet werden sollte, ihren Namen trägt. Zeus, der höchste der Unsterblichen, vermittelte. Er entschied, die Stadt solle demjenigen gehören, der ihr das beste Geschenk mache. Poseidon rammte daraufhin seinen Dreizack in den Berg der Akropolis, wo auf der Stelle salziges Wasser aus einem Brunnen sprudelte. Der Meeresgott gab der neuen Siedlung dazu einen Hafen und Schiffswerften. Athene aber ließ an dem Brunnen den ersten Ölbaum wachsen, reich an Blüten und Früchten. Sie wurde zur Siegerin erkoren, ihren Namen trägt die Stadt – Athen.

Die in vielen Variationen überlieferte Legende bringt zum Ausdruck, wie wichtig der Olivenbaum (*Olea europea*) für die Geschichte Griechenlands war. Von seinen Früchten hing die Wirtschaftskraft des antiken Hellas ab, sie waren die ökonomische Basis einer Hochkultur. Schon früh entwickelten die Griechen ausgeklügelte Verfahren, um in kalten und heißen Pressungen das wertvolle Öl zu gewinnen.

Und noch heute ist Olivenöl ein bedeutender Exportartikel. Zu Zehntausenden bedecken die alten Kulturpflanzen die Ebenen, füllen die Täler wie ein grüngraues Meer, das manchmal silbern aufscheint, wenn der Wind in die Kronen fährt und die fein behaarten Unterseiten der Blätter nach oben kehrt.

Die ersten Ölbäume Griechenlands standen freilich nicht, so wie es die Sage will, in Athen, sondern auf Kreta. Bereits für die minoischen Priesterkönige waren die aus dem Nahen Osten eingeführten Pflanzen die wichtigste Einnahmequelle. In den Überresten des Palastes von Knossos, in dem einst der Minotaurus gehaust haben soll, fanden Archäologen große Lager mit meterhohen Tongefäßen, den *pthoi*. In ihnen bewahrten die Minoer ihr Öl auf. In kleineren Amphoren verschifften sie es nach Ägypten. Mitte des zweiten Jahrtausends vor Christus ging die minoische Hochkultur unter. Der Grund dafür waren vermutlich Erdbeben und der Ausbruch des Vulkans auf der Insel Santorin. Was blieb, waren Worte. Die griechischen Bezeichnungen *elaia* für den Olivenbaum und *elaion* für das Öl seiner Früchte haben kretischen Ursprung. Aus *elaion* leitet sich das lateinische *oleum* ab und davon unser «Öl».

Olivenöl war für die Griechen weit mehr als nur Nahrungsmittel. Es lieferte den Brennstoff für Lampen aus Ton, Speckstein oder Marmor und erleuchtete einfache Hütten ebenso wie prächtige Paläste. Es war Grundlage eines Handwerks, das kostbare Salb- und Duftöle herstellte. Und es war eine Medizin gegen nahezu jedes Zipperlein. Olivenöl stillte blutende Wunden, linderte den Juckreiz, half bei Brandverletzungen und Abschürfungen, bei Gicht und Mattigkeit. Es sollte Magenbeschwerden kurieren und die Menstruation befördern. Als der Philosoph Demokrit, der um 460 vor Christus in Thrakien geboren wurde und hundert Jahre alt geworden sein soll, von seinen Zeitgenossen nach dem Geheimnis seiner robusten Gesundheit gefragt wurde, antwortete er mit einer einfachen diätetischen Regel: «Innerlich Honig, äußerlich Olivenöl».

Mit Kränzen aus Olivenzweigen ehrten die Griechen die Sieger der Spiele von Olympia. Mit Olivenkränzen trugen sie aber auch ihre Toten zu Grabe. Odysseus soll sein Ehebett auf dem Wurzelstock eines gewaltigen Olivenbaums gebaut haben. Und der Zyklop Polyphem besaß Homer zufolge eine riesige Keule aus Olivenholz. Odysseus schlug ein Stück davon ab, ließ es von den Gefährten schaben und glätten, spitzte das eine Ende zu und glühte den Pfahl im Feuer, um ihn dem Zyklopen ins Auge zu treiben.

Olivenbäume zu fällen oder zu verbrennen galt als Verbrechen, das von den Göttern geahndet wurde. Als die Lakedämonier Attika verwüsteten, verschonten sie die Ölbäume aus Furcht vor der Rache der Unsterblichen. Erst der Staatsmann Solon (640 bis 560 vor Christus), einer der neun gleichzeitigen Herrscher von Athen, erlaubte das Fällen der Bäume, aber nur für den Altarbau und – in geringem Maße – für den Eigenbedarf.

Auf die wohl sinnlichste Weise wurde das Olivenöl in den Gymnasien und Palästren verwendet, den Übungsplätzen der Ringer. Männer und Knaben rieben ihre Körper ein, bis sie glänzten, als bestünden sie aus poliertem Marmor. Das Öl sollte die Muskeln geschmeidig machen und somit die Leistungsfähigkeit der Athleten erhöhen. Die Kosten für diese Körperpflege trug die Gemeindekasse. Bei großen Sportfesten traten auch reiche Gönner als Spender auf.

Mit welcher Raffinesse kostbare Essenzen und Kosmetika aus Olivenöl hergestellt wurden, verraten einige Tontafeln, die 1954 bei Ausgrabungen in Mykene entdeckt wurden. Sie enthalten ausführliche Listen über die Aromata der Salbenfabrikation: Fenchel, Kümmel, Sesam und Sellerie waren dabei, Koriander, Minze, Rosen und Zyperngras. Schon früh wurde Kritik laut an der aufwendigen Produktion der verführerischen Wohlgerüche. Im sittenstrengen Sparta galten die Salbensieder als Ölverderber und Panscher. In Athen verbot Solon allen Männern, dem Gewerbe nachzugehen. Und die Philosophen Diogenes und Platon bezeichneten Salben und Parfüms als unnütz und schädlich für die Gesellschaft.

Ein anderer Philosoph verstand es hingegen vortrefflich, sich mit der Ölproduktion seiner Zeit zu arrangieren. Thales von Milet schloß aus seiner genauen Beobachtung des Wetters, daß eine ungewöhnlich reiche Olivenernte bevorstehen müsse. Er pachtete daraufhin für das kommende Jahr sämtliche Olivenpressen in der Umgebung Milets. Als dann der von ihm vorausgesehene Überfluß tatsächlich eintrat, zog Thales einen beträchtlichen Gewinn aus der Weitervermietung seiner Pressen. Er bewies so, «daß ein Philosoph, wenn er wolle, aus seiner Wissenschaft irdischen Vorteil ziehen könne».

# Der Schatz der
# Heiligen Drei Könige

Die Heiligen Drei Könige Kaspar, Melchior und Balthasar waren einem hellen Stern gefolgt. Einem Kometen vielleicht, mit weitem Schweif. Er führte sie bis zu einem Haus in Bethlehem. Dort fanden die Reisenden aus dem Morgenland ein kleines Kind mit seiner Mutter Maria. Sie fielen nieder, so berichtet der Evangelist Matthäus, beteten den Knaben an und taten ihre Schätze auf. Neben Preziosen aus schwerem Gold schenkten sie dem Neugeborenen nicht minder wertvolle Klumpen eines getrockneten Harzes – Weihrauch.

Eine wundersame Substanz. Wird sie verbrannt, so verströmt sie einen schweren süßlichen Duft. Den Bewohnern des Abendlandes kündete er von den Sinnenfreuden eines sagenhaft reichen Orients. Er war Gastgeschenk und Opfergabe, Tribut und Beute, Anlaß zu Neid und Kriegen, Geschenk für die Geliebte, Ausdruck von Prunksucht und Machtgier. Zwar verdammten die frühen Christen das betörende, dem Gottessohn dargebotene Aroma als heidnisch. Doch schon bald wurde das Räucherwerk fester Bestandteil der Liturgien, und die Priester schwenkten ihre dampfenden Weihrauchschalen so eifrig, als gelte es, über den Geruch – den archaischsten aller Sinne – tief in die Seelen der Gläubigen einzudringen und sie so besonders empfänglich zu machen für die Frohe Botschaft.

Die Phönizier, die im Altertum Handel trieben mit dem begehrten Brennstoff, hielten lange Zeit seinen Ursprungsort geheim, um ihr Monopol nicht zu gefährden. Erst der Grieche Herodot erriet, woher das teure Harz stammte. Er nannte als dessen Heimat das «äußerste Land der Erde im Süden». Tatsächlich kam – und kommt – der Weihrauch aus der hintersten Ecke der arabischen Halbinsel, dem Ende der damals bekannten Welt, dem heutigen Oman. Hier, in einer Dhofar genannten Region, nahm die berühmte Weihrauchstraße ihren Ausgang, eine der ältesten Handelsrouten der Geschichte. Sie führte durch den heutigen Jemen, querte Mekka, lief die Ostküste des Roten Meeres entlang und endete in Gaza am Mittelmeer. Kilometerlange Karawanen mit oft mehr als vierhundert Tieren machten sich auf den mühsamen, rund dreieinhalbtausend Kilometer langen Weg. Siebzig bis neunzig Tage dauerte die Reise. Schwer bewaffnete Beduinen schützten die Trecks. Neben dem «Olibanum» genannten Weihrauch führten sie Gewürze, teure Hölzer, Edelsteine und Seide mit sich. Ein Teil der Waren erreichte Südarabien über den Seeweg aus Indien.

Das kostbare Harz selbst kam aus dem Hochland. Dort wächst zwischen sechs- und neunhundert Metern über dem Meeresspiegel, auf Schutthalden und am Rande der Wadis, der Flußläufe, die nur nach heftigen Regenfällen Wasser führen, der etwa drei Meter hohe Weihrauchbaum (*Boswellia sacra*). Seine gefiederten Blätter sind filzig behaart. Eine pergamentartige Haut umgibt seine Äste und schützt sie vor zu starker Verdunstung. Wird seine Rinde vom Schabmesser der Weihrauchsammler, dem *manquaf*, angeritzt, so tritt Wundsaft aus, der alsbald zu gelben Zapfen gerinnt.

Seit dem fünften Jahrtausend vor Christus schwelt das Sekret für die Menschen und ihre Götter. Dreimal täglich brachten die Ägypter der Sonne ein Rauchopfer dar. Im Tempeldienst von Assyrern, Persern und Phöniziern sollten die duftenden Schwaden böse Geister vertreiben. Noch heute gehen in den Grabmälern der Scheichs von Oman die Weihrauchbrenner nie aus. Und noch immer setzen sich arabische Frauen über Gefäße mit dem glimmenden Harz, um sich auf eine Liebesnacht vorzubereiten, in der Hoffnung, ihre Fruchtbarkeit steigern zu können.

Berühmt für seinen verschwenderischen Umgang mit dem teuren Olibanum wurde der Mazedonier Alexander der Große. Mit vollen Händen warf er es ins Opferfeuer. Sein Erzieher, der Grieche Leonidas von Tarent, tadelte ihn. So großzügig solle er dann handeln, wenn er die Völker unterworfen habe, die das Olibanum produzierten. Nachdem er Gaza erobert hatte, schickte Alexander seinem Lehrer fünfhundert Talente (rund zehn Tonnen) Weihrauch. Damit Leonidas, so überliefert es der griechische Historiker Plutarch, aufhöre, gegen die Götter zu knausern.

Rund drei Jahrhunderte später, im Jahr 65 nach Christus, übertraf der römische Kaiser Nero die Geste des Mazedoniers. Beim Begräbnis seiner zweiten Gattin, der jung gestorbenen Poppaea, ließ er die Weihrauchernte eines ganzen Jahres in Brand stecken.

Jahrtausendelang florierte der südarabische Weihrauchhandel. Erst nach dem Zweiten Weltkrieg brach die Ausfuhr zusammen. Nach dem Abzug der Briten wurde der Hafen von Aden, der wichtigste Umschlagplatz, geschlossen. Indien, lange Zeit Großkunde, erhob nach seiner Unabhängigkeit hohe Importzölle. Die dhofarische Befreiungsbewegung führte einen Guerillakrieg gegen den Sultan von Oman. Und die Saisonarbeiter zog es bald zu den Erdölfeldern am Golf anstatt zu den Weihrauchbäumen im Hochland.

Nur allmählich kommt das traditionsreiche Geschäft wieder in Gang. Händler und Erntearbeiter aus Somalia, derzeit größter Weihrauchexporteur, versuchen die Produktion auch in Oman anzukurbeln. Denn nach wie vor ist der Hunger der Katholiken nach Kirchenweihrauch groß, etwa nach der Marke «Pontifikal nach altem Rezept», das Kilo zu 26 Mark 10, oder nach der «Dunklen Edelmischung Rheinisch».

Wissenschaftler haben mittlerweile herausgefunden, warum die süßlichen Weihrauchwolken auf viele Menschen so betörend wirken. Dieter Martinetz und Karlheinz Lohs von der Forschungsstelle für chemische Toxikologie in Leipzig wiesen nach, daß sich die beiden Weihrauchsubstanzen Olivetol und Verbanol beim Verbrennen in Tetrahydrocanabinol verwandeln – das Rauschmittel des Haschisch. Und der australische Zoologe Michael Stoddard zeigte, daß die Inhaltsstoffe des sakralen Räuchermittels verblüffende Ähnlichkeit mit einigen Sexualhormonen aufweisen. Katholische Priester, streng den Zölibat lebend, ködern also, ohne es zu wissen, ihre Gemeinden mit erotisierenden Substanzen. Die neuen Erkenntnisse erklären vielleicht auch gelegentliche Fälle von Schnüffelsucht, die Ministranten gegenüber den Weihrauchdämpfen entwickelt haben sollen.

## *Balken für Tempel*
## *und Paläste*

Was der Löwe unter den Tieren, das ist die Zeder unter den Pflanzen – eine Königin der Bäume. So dachten die Völker des Orients. Für Assyrer und Ägypter, Babylonier und Judäer symbolisierten die mächtigen Zedern des Libanon (*Cedrus libani*) Stärke und Würde. Die bis zu vierzig Meter hohen Bäume bedeckten einst weite Teile des rund hundertsechzig Kilometer langen und bis zu dreitausend Meter hohen Gebirgszugs am östlichen Mittelmeer. Sie tragen dunkelgrüne, spitze Nadeln, die in Büscheln angeordnet sind, wachsen zunächst in Form einer Pyramide und nehmen schließlich eine schirmartige Gestalt an. Über zweitausend Jahre können Zedern alt werden. Von allen Bäumen des Nahen Ostens lieferten sie die größten Balken. Ihr aromatisch duftendes Holz ist fast unverwüstlich und gilt als das hellste aller Nadelbäume.

Entlang der Küste der heutigen Republik Libanon siedelten im Altertum Phönizier. Ihre Stellung als die dominierende See- und Handelsmacht ihrer Zeit verdankten sie nicht zuletzt den Zedern. Mit deren Holz versorgten sie Mesopotamien und Ägypten, wo Wälder rar waren. Verschifft wurden Stücke von einer Länge bis zu dreißig Metern. Besonders groß war der Bedarf überall dort, wo große Bauwerke wie Tempel oder Paläste geplant wurden.

Die älteste Urkunde über den Abschluß einer internationalen Holztransaktion stammt aus der Zeit der vierten Dynastie, 2700 vor Christus. Eine Inschrift im Tempel von Karnak bestätigt einen Zedernholzimport des Pharaos Snefroe und berichtet von der Ankunft von vierzig phönizischen Schiffen. Sie waren beladen mit Baumstämmen, die unter anderem der Errichtung eines gewaltigen Palasttores dienen sollten.

Bestens geeignet war das gegen Fäulnis und Schädlinge weitgehend unempfindliche Zedernholz auch für den Bau von Booten. Im Field Museum von Chicago ist das neun Meter lange und zwei Meter breite, aus Zeder gefertigte Totenschiff von Sesotris III. ausgestellt, der von 1887 bis 1849 vor Christus regierte. Aber auch die Handels- und Kriegsschiffe, mit denen die Könige des alten Reiches ihre Seeleute hinausschickten auf das Mittelmeer und das Rote Meer, bestanden aus dem Libanonholz.

Amenemhet I., ein Herrscher aus der zwölften Dynastie, der von 2000 bis 1970 vor Christus an der Macht war, führte auf seinem Feldzug gegen Äthiopien zwanzig große Zedernschiffe nilaufwärts. Ramses III. (1198 bis 1167 vor Christus) preist in einer Tempelinschrift eine von ihm gestiftete heilige Barke des thebanischen Amon. Sie besaß eine Länge von siebenundsechzig Metern und war in seinen Werften mit ungeheuren Zedernbalken aus dem Libanon gezimmert worden.

Ein berühmtes Zeugnis des Zederngeschäfts im Altertum findet sich in der Bibel, im Zweiten Buch der Chroniken. Die Heilige Schrift dokumentiert die Verhandlungen zwischen dem jüdischen König Salomo und seinem Freund und Bundesgenossen König Hiram von Tyrus (1001 bis 967 vor Christus). Salomo erinnert Hiram zunächst an die guten Geschäftsbeziehungen, die dieser mit seinem Vater David unterhalten hatte. Er läßt seinen Gesandten ausrichten, Hiram solle mit ihm verfahren, «wie du mit meinem Vater David tatest und du ihm Zedern sandtest, daß er sich ein Haus baute, in dem er wohnte». Dann folgt die Bestellung: «Und sende mir Zedern-, Zypressen- und Sandelholz vom Libanon, denn ich weiß, daß deine Leute verstehen, das Holz auf dem Libanon zu hauen.» Im Antwortschreiben Hirams heißt es: «So wollen wir das Holz hauen auf dem Libanon, soviel du bedarfst, und wollen es auf Flößen übers Meer nach Japho bringen. Von da mußt du es hinauf nach Jerusalem schaffen.» Salomo benötigte die Lieferung für den Bau seines prächtigen Tempels, der hundertzwanzig Ellen hoch werden sollte, innen überzogen mit lauterem Gold und verziert mit edlen Steinen.

In Israel waren Zedern ein Synonym für die Pracht des Herrn. Der Psalm «Freude am Lob Gottes» verheißt: «Der Gerechte wird wachsen wie eine Zeder auf dem Libanon.» Und der Prophet Jesaja preist die *gloria Libani*, die Herrlichkeit des Libanon. Das duftende, scheinbar ewig haltbare Holz sollte die Todesverwesung aufhalten oder ihr wenigstens symbolisch entgegenstehen. In Israel wurde es verwendet bei der Zubereitung des Lustrationswassers, mit dem sich reinigen mußte, wer eine Leiche berührt hatte. Eine ähnliche Rolle spielte die Zeder im ägyptischen Totenbrauch: Die Anwohner des Nil balsamierten mit Zedernöl ihre Toten ein und zimmerten aus Zedernholz Särge und Sarkophage. Auch die vergoldeten Schreine des Tutenchamun bestehen aus Zeder.

Zumindest einmal half ein Kasten aus Zedernholz tatsächlich, dem Tod ein Schnippchen zu schlagen. Der griechische

Schriftsteller Pausanias, der im zweiten Jahrhundert nach Christus lebte, berichtet von einem Zedernholzschrein in Olympia, der über und über bedeckt war mit Bildern aus Gold und Ebenholz. In diesem Kasten wurde Kypselos, der spätere König von Korinth, von seiner Mutter versteckt, als seine Feinde ihn suchten, um ihn zu töten.

In den Klöstern und Fürstenhöfen Europas kursierte zwischen dem dreizehnten und siebzehnten Jahrhundert eine rätselhafte Prophezeiung, die den Titel «Die Zedern des Libanon» trug. Sie war in der Zeit entstanden, als das christliche Abendland vor den Horden der Mongolen zitterte. «Die hohe Zeder des Libanon», heißt es darin, «wird fallen.» Mars werde siegen über Saturn und Jupiter. Ein umherziehendes Volk mit Menschen ohne Köpfe werde kommen. Wehe dem Klerus! Wehe der Kirche! Diese apokalyptische Vision eines unbekannten Mönches erinnert daran, daß Zedern in der Bibel nicht allein Würde und Pracht verkörpern, sondern auch eine Metapher für den Hochmut sind, der vor dem Fall kommt. Und der Herr bestraft die Hochmütigen. In Psalm 37 steht: «Ich sah einen Gottlosen, der pochte auf Gewalt und machte sich breit und grünte wie eine Zeder.»

Heute sind die einst riesigen Zedernwälder des Libanon verschwunden. Es blieb ein Hain aus rund vierhundert Bäumen in der Nähe des Dorfes Bechare im Kadicha-Tal in knapp zweitausend Metern Höhe. Das kleine Relikt gilt als Nationalerbe. Es wird ständig bewacht und ist für Touristen nicht zugänglich. An den alten Holzreichtum Libanons erinnert seit der Unabhängigkeit von Frankreich im Jahre 1943 auch die rot-weiß gestreifte Staatsflagge. Auf ihr prangt eine grüne Zeder.

Zirbelkiefer – Österreich

## *Leben an der Baumgrenze*

«Kampfzone» nennen Botaniker den Lebensraum der Zirbelkiefer (*Pinus cembra*). Sie wächst in den hohen Lagen der Alpen, steigt hinauf bis an die Baumgrenze, auf achtzehnhundert, manchmal sogar zweieinhalbtausend Meter über dem Meeresspiegel. Hier klammert sie sich mit ihren weitgreifenden Wurzeln an Felsen fest, trotzt rauhen Winden, übersteht trockene Sommer und eisige Winter. Selbst Temperaturen von minus vierzig Grad Celsius vermögen ihr nichts anzuhaben. Meist bleiben dem Baum nur zweieinhalb frostfreie Monate im Jahr, um zu blühen und zu wachsen, um neue Nadeln und Zapfen hervorzubringen. So dauert es oft zweihundert Jahre, bis die Zirbelkiefer (auch Zirbe oder Arve genannt) eine Höhe von zehn Metern erreicht.

Viele Zirben sind vom «Kampf» in der unwirtlichen Höhe gezeichnet. Blitze, Lawinen und die Last schweren Schnees haben ihre Wipfel zerfetzt und ihre Äste zerbrochen. Sie wachsen zu bizarren Formen heran, tief verastet und krummschäftig.

Entsprechend eigenwillig gemasert ist denn auch ihr gelblich-rotes Holz. Es duftet angenehm nach Harz, ist leicht und weich. Schon früh haben die Bewohner Tirols herausgefunden, wie gut es sich als Brennholz eignet, zum Bau von Alphütten und dazu, Milchschüsseln, Holzschuhe oder Fässer herzustellen. Selbst eingewachsene Äste lassen sich gut verarbeiten. Sie ergeben dekorative Muster. Da sich Zirbenholz leicht spalten läßt, entstanden daraus auch Dachschindeln.

Aus der Schüsseldreherei des sechzehnten Jahrhunderts entwickelte sich die Herrgottschnitzerei des siebzehnten Jahrhunderts. Weil sich angeblich Wanzen und Schaben nicht gern darin einnisten, galt Zirbelholz bald als das Material der Wahl für die Täfelung von Wohnräumen. Es hatte schon damals seinen Preis: Nur für die gute Stube leistete sich der Tiroler Zirbel, für die Kammer nahm er Fichte.

Zirbensamen galten als Delikatesse. Der Naturkundler Adolf Pichler berichtet in seinen «Wanderbildern», erschienen 1906: «Man legt die Zapfen auf den heißen Herd, dort öffnen sich die Schuppen, und Nüßchen fallen heraus. Der Älpler schätzt sie sehr und erwähnt sie in seinem Schnaderhüpfeln: *Mei Dianal ist kloa / Wia Ziebasnüssel / Und wenn i's bußl / So lacht's a bißl.*» Achtunddreißig Jahre später preist ein Professor Dr. G. Reinhold in einer Kriegsausgabe der Wiener Zeitschrift «Der Gebirgsforst» den «Beitrag der Zirbelkiefer zur Ernährung aus dem Walde». Der knorrige Hochgebirgsbaum könne helfen, die «Ernährungsfrage für ein wachsendes Volk» zu lösen.

Berühmt für seine Zirbelschnitzkunst ist das Grödnertal in Südtirol. Bereits im Jahr 1807 exportierten die dortigen Handwerker Puppen, Hanswurste und andere hölzerne Spielsachen im Wert von 54 000 Gulden ins Ausland. Dennoch war ihr Verdienst so gering, daß sie nicht in der Lage waren, sich neues Holz auf den Märkten von Brixen oder Bozen zu kaufen. Die Schnitzer stahlen Zirbeln aus den Wäldern des Staates und der Gemeinden. Wegen der starken Abholzung forderte die Wiener Regierung alsbald eine beträchtliche Einschränkung der Grödner Heimindustrie. Im Jahr 1820 spekulierte der «Tiroler Bote»: «Es läßt sich wohl leicht voraussehen, daß diese Beschäftigung und Nahrungsquelle der Grödner bald versiegen werde, wenn nicht forstwirtschaftliche Maßregeln dagegen ergriffen werden.»

Doch nicht nur die Produktion von Kruzifixen und Krippenfiguren und nicht allein der Export von bäuerlichen Zirbelstuben in die Wohnungen der Städter hat die Arvenbestände in den Tiroler Bergen dezimiert. Auch Bergleute schlugen die Bäume, um mit ihnen die Stollen ihrer Gruben abzustützen. Köhler fällten ganze Wälder, um sie in ihren Meilern in Holzkohle zu verwandeln. Abgeholzte Tannen- und Fichtenwälder wurden oftmals wieder aufgeforstet. Doch den Anbau von Zirben hielten die Forstleute wegen ihrer «Trägwüchsigkeit» nicht für lohnend. Von der einst dominierenden Baumart der alpinen Region, die Täler vor Muren und Lawinen zu schützen vermag, blieben daher nur mehr Reste.

Heute leiden die Zirbelkiefern, die Schwefeldioxid und Ozon besser und länger ertragen als viele andere Baumarten, vor allem an dem zu hohen Wildbestand in den Bergen. Gams, Reh und Hirsch verbeißen den Jungwuchs. Wo die Bäume einmal verschwunden sind, können sie nur schwer erneut Wurzeln fassen. Ein Grund dafür ist ihre «Verbreitungsstrategie». Sollen die schweren, flugunfähigen Zirbelnüsse auf fruchtbaren Boden fallen, sind sie auf einen seltenen Vogel, den Tannenhäher, angewiesen. Er pickt die Samen aus den Zapfen heraus, sammelt bis zu hundertzwanzig Stück in seinem Kehlsack und legt in faulen Baumstrünken, auf felsigen Kuppen oder in aufgewühlten Vertiefungen zahlreiche Vorratslager an. Aus später vergessenen Nahrungsvorräten entwickeln sich die Zirbensämlinge.

Im Grödnertal, wo mittlerweile große Fabriken für den Nachschub an original Tiroler Schnitzereien sorgen, hat eine Firma bereits einen Ersatz gefunden für den Fall, daß Zirbenholz allzu rar und unerschwinglich werden sollte. Sie fertigt ihre Figuren aus Plastik.

Zypresse – Italien

## *Ein Symbol des Todes stirbt*

«Der Süden und die Zypresse», befand der italie-
nische Schriftsteller Italo Svevo, «bilden eine
untrennbare Einheit.» Nationaldichter Giovanni
Pascoli sang: «O Zypresse, einsam und schwarz
stehst du vorm gläsernen Himmel, und dein stiller
Schatten streicht langsam übers Feld.» Der deutsche Kultur-
geschichtsforscher und Italienreisende Victor Hehn schließlich schwärmte: «Wo die Zypresse beginnt, da beginnt das
Reich der Formen, der ideale Stil, da ist klassischer Boden.»
Die Echte oder Mittelmeerzypresse (*Cupressus sempervirens*) ist zwar das Markenzeichen der italienischen Landschaft, stammt aber aus dem östlichen Mittelmeerraum.
Phönizier und Griechen führten sie aus Zypern oder dem Libanon ein. «Die Zypresse ist ein ausländischer Baum, der an-
fangs nur mit großer Mühe gezogen wurde», schreibt Plinius. «Sie wächst sehr langsam, gewährt nicht den geringsten
Nutzen, hat widerliche Früchte, bittere Blätter und spendet,
weil sie so schmal ist, keinen angenehmen Schatten.»
Einige positive Seiten haben die Römer der Zypresse dann
aber doch noch abgewonnen: Ihr Holz – harzreich, dauerhaft
und duftend – eignete sich für den Schiffbau wie auch für
Tempeltüren und Schreine. So wertvoll war dieser Rohstoff,
daß bei der Geburt einer Tochter Zypressen in großer Zahl
gepflanzt wurden – als spätere Aussteuer. Der römische Gelehrte Varro berichtet, Zypressen hätten häufig die Grenzen
von Grundstücken markiert, «damit kein Streit entstehe».

Größer als sein praktischer Nutzen war jedoch die zeichenhafte Bedeutung des schlanken Baums – er galt als Symbol des Todes und der Trauer. Ovid schildert in seinen «Metamorphosen», wie die Zypresse diese Bedeutung erlangt haben soll: Der Jüngling Kyparissios tötete versehentlich seinen geliebten, den Nymphen geweihten Hirsch. Er war darüber so verzweifelt, daß er die Götter anflehte, sie mögen es ihm doch erlauben, auf ewig zu trauern. Die Götter hatten Mitleid – und verwandelten ihn in eine Zypresse.

Die Römer weihten den Baum den Göttern der Unterwelt. Mit seinen Zweigen schmückten sie Leichenaltäre, Scheiterhaufen und die Haustüren der Toten. Düster und feierlich säumen Zypressen bis heute Italiens Friedhöfe. In der Renaissance kam die Zypresse noch einmal groß in Mode. Architekten entdeckten sie als Element der Gartengestaltung und pflanzten sie entlang der Alleen, die zu den Villen der toskanischen Aristokraten führten. Maler wie Fra Angelico oder Leonardo da Vinci setzten ihre dunkle Silhouette im Hintergrund ihrer Bilder effektvoll in Szene.

Mittlerweile drohen Italiens Zypressen, die Symbole des Todes, selbst zu sterben. Ein Pilz namens *Seiridium cardinale* hat sie befallen. Er wurde im Zweiten Weltkrieg aus den USA eingeschleppt, möglicherweise mit Munitionskisten aus infiziertem Zypressenholz. Der Parasit macht sich in Rindenzellen breit und läßt die Kronen verdorren. Millionen Bäume sind bereits eingegangen. Kein Mittel hilft. Es bleibt nur die Hoffnung, daß einige Bäume resistent gegen den Pilz sind. Sie könnten den Grundstock für Neuanpflanzungen bilden. «Ohne Olivenbäume wäre die Toskana karg», schrieb der florentinische Historiker Ridolfi, «ohne Zypressen wäre sie nicht mehr die Toskana.»